楊照

中國傳統經典選讀 ⑦

孟子

雄辯時代的鬥士

目次

第二章 通向王業的大道

中國傳統經典選讀總序

楊照

一

二〇〇七年到二〇一一年，我在「敏隆講堂」連續開設了五年、十三期、一百三十講的「重新認識中國歷史」課程。那是個通史課程，將中國歷史從新石器時代到辛亥革命做了一次整理，其基本精神主要是介紹過去一百多年來在中國歷史研究上的許多重大、新鮮發現與解釋，讓中國歷史不要一直停留在「新史學革命」之前的傳統說法上，所以叫做「重新認識中國歷史」。

這套「中國傳統經典選讀」的內容，最先是以接續「重新認識中國歷史」的課程形式存在，因而在基本取徑上，仍然是歷史的、史學的，等於是換另一種不同的方式，重講一次中國歷史。

「重新認識中國歷史」由我從上下數千年的浩瀚內容中，依照我的判斷，選出最值得介紹、討論的面向，來呈現中國歷史。「中國傳統經典選讀」則轉而希望降低個人主觀的選擇判斷成分，讓學員能夠透過原典來認識、了解中國歷史。

從原典認識、了解中國歷史，牽涉到一項極其難得的幸運條件。兩千多年前的中國文字，兩千多年之後，我們一般人竟然都能不用透過翻譯直接閱讀，光靠直覺就能掌握其訊息大概，再多費點工夫多些解釋，還可以還原大部分的本意。中國古文字和我們今天日常使用的這套文字，有著明顯、強烈的延續性，現代通用的大部分文字，其起源可以直接追溯到《詩經》、《尚書》，少部分甚至還能再上推到甲骨、金文。儘管文法有相當差距，儘管字義不完全相同，但古文字和現代文字在運用上，有著容易對照的規律可循。

這是人類文明中的奇特狀態。世界歷史上實在找不到另一個例子，從西元前三千年到現在，同一套文字、同一套符號與意義結合的系統，五千年沒有斷裂消失，因而可以直接運用今天的文字習慣，來接近幾千年前的文獻。

高度延續性的文字傳統，在相當程度上決定了中國文明的基本面貌，也讓中國社會付出了相對的代價，才造就了現實中我們每個人身上極為難得的能力。我們沒有理由不去認知、善用如此特殊的能力吧！

二

閱讀原典的第一個理由是：中國歷史有其原初的材料，透過這些材料的累積、解釋、選擇，才形成了種種對於歷史的敘述說法。對於中國歷史有與趣的人，聽過了別人給的歷史敘述說法後，應該會想要回到原初材料，一方面體會歷史學者如何利用材料炒出菜餚的過程，一方面也自己去覆按檢驗歷史敘述的對錯好壞吧！

我們讀過課本介紹《詩經》是一本什麼樣的書，也聽過許多從《詩經》中擷取材料來重建西周社會面貌的說法，在這樣的基礎上去讀《詩經》，或許你會發現《詩經》的內容和你原先想像的不太一樣；也可以覆按你過去對西周的認識和《詩經》所顯現的，是不是同一回事。不管是哪種經驗，應該都能帶來很大的閱讀樂趣吧！

閱讀原典的第二個理由是：這些產生於不同時空環境下的文獻，記錄的畢竟都是人的經驗與感受，我們今天也就必然能夠站在人的立場上，與其經驗、感受彼此呼應或對照。也就是，我們能夠從中間讀到相似的經驗、感受，隔著時空會心點頭；也能夠從中間讀到相異的經驗、感受，進而擴大了我們的人生體會。

源於一份史學訓練帶來的習慣與偏見，必須承認，我毋寧比較傾向於從原典中獲取其與今日現實相異的刺激。歷史應該讓我們看到人類經驗的多樣性，看到人類生活的全幅可能性，進而挑戰、質疑我們視之為理所當然的種種現實狀況。這是歷史與其他學問最根本的不同作用，也是史學存在無可取代的核心價值。

三

前面提到，擁有延續數千年的文字，讓中國社會付出了相對的代價，其中一項代價，就是影響了中國傳統看待歷史的態度。一脈相承的文字，使得中國人和前人、古人極為親近，關係密切。歷史因而在中國從來都不是一門研究過去發生什麼事的獨立學問，歷史和現實之間沒有明顯的界線，形成無法切割的連續體。

理解歷史是為了要在現實上使用，於是就讓後來的觀念想法，不斷持續滲透進中國人對於歷史的敘述中。說得嚴重一點，中國的傳統態度，是一直以現實考量、針對現實所需來改寫歷史。後世不同的現實考量，一層層疊在歷史上，尤其是疊在傳統經典的解釋上。因而我們不得不做的努力，是想辦法將這些後來疊上去的解釋，倒過來一層一層撥開，看看能不能露出相對比較純粹些的原始訊息。如此我們才有把握說，從《詩經》中，我們了解了兩千年前、兩千五百年前中國的某種社會或心理狀況；或是盡量放在周初的政治結構下來呈現《尚書》所表達的周人封建設計，而不至於錯置了秦漢以下的帝制價值，扭曲《尚書》的原意。

意思是，我不會提供傳統的讀法，照搬傳統上對於這些文本的解釋。許多傳統上視之為理所當然的說法，特別需要被仔細檢驗，看看那究竟是源自經典原文的意思，還是後來不同時代，因應其不同現實需求，所給予的「有用」卻失真的解讀。

將經典文本放回其產生的歷史時代背景，而非以一種忽略時代的普遍關懷，來讀這些傳統經典，是關鍵的前提。也是「歷史式讀法」的操作型定義。

在「歷史式讀法」的基礎上，接著才會有「文學式讀法」。先確認了這些經典不是為我們而寫的，它們產生於很不一樣的時代，是由跟我們過很不一樣生活的先人們所記錄下來的，於是我們就能排除傲慢、自我中心的態度，培養並動用我們的同理心，想像進入他們那樣異質的生活世界中，去接近他們的心靈遺產。

在過程中我們得以拓展自己的感性與知性能力，不只了解了原本無法了解的異質情境；更重要的，還感受了原本從來不曉得自己身體裡會有、可以有的豐富感受。我們的現實生活不可能提供的經驗，只存在於古遠時空中的經驗，藉文字跨越了時空，對我們說話，給我們新鮮、強烈的刺激。

正因為承認了經典產生於很不一樣的時空環境，當我們對經典內容產生感應、感動時，我們有把握，那不是來自於用現實的考量，斷章取義去appropriate（套用）經典，而是這裡面真的有一份普遍的人間條件貫串著、連結著，帶領我們對於人性與人情有更廣大又更精細的認識。

四

「選讀」的做法，是找出重要的傳統經典，從中間擷取部分段落，進行仔細解讀，同時以這些段落為例，試圖呈現一部經典的基本面貌，並說明文本與其產生時代之間的關係。

傳留下來的中國經典規模龐大，要將每一本全文讀完，幾乎是不可能的。因而我選擇的策略，是一方面從原典中選出一部分現代讀者比較容易有共感的內容，另一方面則選出一部分可以傳遞出高度異質訊息的，讓大家獲得一種跨越時空的新鮮、奇特刺激。前者帶來的效果應該是：「啊，他說得太有道理了！」後者期待在大家心中產生的反應則是：「哇，竟然有人會這樣想！」

解讀的過程中，會設定幾個基本問題。在什麼樣的時代、什麼樣的環境中，產生了這樣的作品？當時的讀者如何閱讀、接受這部作品？為什麼承載如此內容的作品會成為經典，長期傳留下來，沒有湮沒消失？這樣一部作品，曾經發揮了什麼影響作用，以至於使得後來的其他什麼樣的典籍、或什麼樣的事件、思想成為可能？前面的經典和後面的經典，彼此之間有著怎樣的關係？

這幾個問題，多少也就決定了應該找什麼樣的經典來讀的標準。第一條標準，是盡量選擇具有原創性、開創性的作品。在重視、強調歷史、先例的文化價值下，許多中國著作書籍，是衍生性的。《四庫全書》所收錄的三千五百多種書籍，其中光是解釋《論語》的，就超過一百種。不能說這些書裡沒有重要的、有趣的內容，然而畢竟它們都是依附《論語》這部書而來的衍生產物。因而我們就知道，優先該選、該讀的，不會是這裡面任何一本解釋《論語》的書，而是《論語》。《論語》當然比衍生解釋《論語》的書，具備更高的原創性、開創性。

這條標準下，會有例外。王弼注《老子》，郭象注《莊子》，援引了佛教觀念來擴張原典說法，進而改變了魏晉以下中國人對「老莊」的基本認識，所以雖然在形式上是衍生的，實質卻藏著高度開創性影響，因而也就應該被選進來認真閱讀。

第二條標準，選出來的文本，還是應該要讓現代中文讀者讀得下去。有些書在談論中國歷史時不能不提，像是《本草綱目》，那是中國植物學和藥理學的重鎮，但今天的讀者面對《本草綱目》，還真不知怎麼讀下去。

還有，一般中國文學史講到韻文文體演變時，固定的說法是「漢賦、唐詩、宋詞、元曲」，唐詩、宋詞、元曲當然該讀，但漢賦怎麼讀？在中國文字的擴張發展史上，漢賦扮演了重要的角色。漢朝的人開始意識到外在世界與文字之間的不等對應關係，很多事物現象找不到相應的字詞來予以記錄、傳達，於是產生了巨大的衝動，要盡量擴充字詞的範圍，想辦法讓字詞的記錄能力趕上複雜的外界繁亂光景。然而也因為那樣，漢賦帶有強烈的「辭書」性格，盡量用上最多最複雜的字，來表現炫耀寫賦的人如此博學。

漢賦其實是發明新文字的工具，儘管表面上看起來好像是文章，有其要描述、傳達的內容。多用字、多用奇字僻字是漢賦的真實目的，至於字所形容描述的，不管是莊園或都會景觀，反而是其次手段。描述一座園林，不是為了傳遞園林景觀，也不是為了藉園林景觀表現什麼樣的人類情感，而是在過程中，將園林裡的事物一一命名。漢賦中有很多名詞，一一指認眼前的東西，給他一個名字；也有很多形容詞，發明新的詞彙來分辨不同的色彩、形體、光澤、聲響……等等；相對的，動詞就沒那麼多。漢賦很重要，絕對值得介紹、值得認識，卻很難讀，讀了極端無趣。真要讀漢賦，我們就只能一個字一個字認、一個字一個字解釋，很難有閱讀上的收穫，比較像是在準備中小學生的國語文競賽。

還有第三條標準，那是不得已的私人標準。我只能選我自己有把握讀得懂的傳統經典。例如說《易經》，那是一部極其重要的書，卻不在我的選擇範圍內。儘管歷史上古往今來有那麼多關於《易經》的解釋，儘管到現在都還一直有新出的《易經》現代詮釋，然而，我始終進入不了那樣一個思想世界。我無法被那樣的術數模式說服，也無從分判究竟什麼是《易經》原文所規範、承載的意義，什麼是後世附麗增飾的。遵循歷史式的閱讀原則，我沒有能力也沒有資格談《易經》。

五

選讀，不只是選書讀，而且要從書中選段落來讀。傳統經典篇幅長短差異甚大，文本的難易差異也甚大，所以必須衡量這兩種性質，來決定選讀的內容。

一般來說，我將書中原有的篇章順序，當作內容的一部分；也將書中篇章完整性，當作內容的一部分。這意味著，除非有理由相信書中順序並無意義，或為了凸顯某種特別的對照意義，我盡量不打破原書的先後順序，並且盡量選擇完整的篇章來閱讀，不加以裁剪。

從課堂到成書，受限於時間與篇幅，選出來詳細解讀的，可能只占原書的一小部分，不過我希望能夠在閱讀中摸索整理出一些趨近這本原典的路徑，讓讀者在閱讀中逐漸進入、熟悉，培養出一種與原典親近的感受，做為將來進一步自行閱讀其他部分的根柢。打好這樣的根柢，排除掉原先對經典抱持的距離感，是閱讀、領略全書最重要的開端。

第一章　為儒家信念而戰

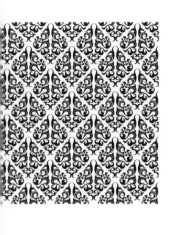

雄辯時代來臨

在臺灣受教育成長的人，幾乎都讀過《孟子》，對於《孟子》的內容並不陌生。不過我們閱讀《孟子》的方式，是理解、甚至背誦孟子說了什麼，只是弄清楚孟子說的話是什麼意思，卻很少注意到孟子用什麼方式說。

然而，放在歷史的脈絡下，容我提醒：孟子如何說，他呈現道理的風格、形式，和他到底說了什麼同樣重要。

戰國時代是個「雄辯時代」，蘇秦、張儀這些「縱橫家」當然是靠著一張嘴善言雄辯，穿梭於各國之間興風作浪，但雄辯絕對不是「縱橫家」的專利，雄辯甚至不是「縱橫家」發明的。應該倒過來看：一個傳統信念快速瓦解的社會，迫切需要尋找新的處世行為原則，一時之間湧現了眾多不同的主張，嘈雜紛亂地爭著要說服迷惘困惑的世人。在那樣的多元言論環境中，任何主張希望被人聽到，都需要特殊的技巧；任何主張想要被接受，更需要特殊的技巧。

雄辯就是在這種時代背景中產生的說話技巧。早從春秋時期開始，墨家就意識到說話、論辯技巧的重要性，在他們的家派知識中有了「墨辯」，那是一套很講究的說話、論辯方法論。進入戰國時期，言論更加熱鬧混亂，進而出現了專門探索語言規則，玩弄論辯盲點的「名家」。說話，不再是一件直覺、自然的事，它正式成為一門技術、一份本事。

「縱橫家」是將這份技術、本事特別用在國際外交策略上的人。與「縱橫家」約莫同時代的孟子、莊子，則將同樣的技術、本事，用來溝通、傳遞價值判斷。莊子向一般人傳遞超越人世的廣大精神宇宙，孟子溝通的主要對象則是國君，傳遞的價值信念是儒家的人道主義。

傳統閱讀《孟子》的方式，很可惜，沒能讓我們欣賞、領略孟子的雄辯本領。《孟子》精彩之處，不在他提出的想法，而在於他如何處於一個對儒家信念極為不利的境遇下，頑強不懈地堅持找到方式去凸顯這套信念的優點，毫不讓步地和其他更流行、更迎合君王心意的學說纏鬥。

孟子是個言語和信念上的鬥士。他的信念，很大一部分承襲自孔子，也就是承襲自孔子信奉的周代「王官學」傳統，那絕非什麼新鮮刺激的東西。

相反地，那是被當時許多人認定應該丟入時光垃圾桶的陳舊概念，但看看孟子如何以雄辯姿態，將這些東西說得活潑靈動、強悍生猛，和別人提出的怪奇之論相比，絲毫不顯疲態！

《孟子》和《荀子》形成清楚的對比，不只是傳統上認知的「性善論」和「性惡論」的對比而已。更重要的，是文風、說話方式的對比。孟、荀同屬儒家，兩人有許多共同的基本信念，兩人的書中也說了許多類似的道理，然而不管再怎麼類似、接近的道理，由孟子說出來，就是和荀子說出來，給我們很不一樣的感受。

不是來自內容的差異，毋寧是風格、乃至於人格的差異。孟子的雄辯風格，一部分來自於時代影響。孟子出生於西元前三七二年，荀子出生於西元前三一三年，雖然只相去六十年左右，但所處的時代氣氛，就有了根本的變化。孟子的時代，仍然是百家爭鳴、言論互激、一切處於未定的情況，從國君到小民，大家都焦慮地尋訪對於現實戰亂不安的解決之道。到了荀子的時代，前面的長期多元激盪，開始收束整合了。荀子本身整合了儒家和法家，荀子的學生韓非更進一步整合了法家和道家。

換句話說，孟子身在言論的戰場上，強敵環伺，必須隨時打緊精神不斷戰鬥；到荀子時，戰場已經初步清理了，只剩下幾個還站著的強者，不再必然戰鬥，轉而想著如何重整彼此關係，找出停戰的辦法來。

爲解決現實問題而辯

在一個面向上，《孟子》比較接近《論語》，而遠離《荀子》。那就是這本書不只記錄了孟子說什麼，還將孟子在什麼狀況下，對誰說這些話的外在條件，都交代得清清楚楚。千載之下，我們都還能透過這些記錄，想像還原孟子當年的論辯實境。

莊子也是個了不起的雄辯家，然而，《莊子》書中呈現的，是一種紙上的、想像的雄辯。書中沒有給我們現實的辯論場景，少數例如莊子和惠施的對話，讀起來總比較像寓言，而非現場記錄。《莊子》傳遞的，是一個有劇本、操控好的舞臺，那些質疑、挑戰莊子的人，仍然是劇本裡就安排好的角色，按照他們的腳本說話，製造出應有的舞臺效果。

我們當然不能天真地將《孟子》裡所記錄的一切，都當作事實看待。重點在於理解《孟子》的寫法，企圖讓我們感覺這是真實發生過的論辯，真正的君王、真正的問題、真正的往來論難，用這種方式傳達出再強烈不過的現實感。從書中浮凸出來的，是一位不怕面對現實問題，不談抽象理想理念的人，活在和別人的熱鬧互動中，不是只活在自己內在的思考與想像中。

採取如此具現實感的書寫策略，是有道理的。正因為從「王官學」到儒家的信念，在孟子的時代已是古舊的，很容易被視為只適用於一個單純的逝去年代的道理，缺乏現實意義，於是要讓人願意聽儒家信念，就先得有辦法把現實擺進來。

《孟子》第一篇是〈梁惠王篇〉，開篇第一句話就是給了一個真實的國君——梁惠王，和讓讀者看來像是現場記錄的對話。「**孟子見梁惠王，王曰：『叟不遠千里而來，亦將有利吾國乎？』……**」孟子是個游士，沒有定著的官職與身分，不斷從這國跑到那國，對國君提供國政上的分析與建議。因此梁惠王見面的問候客套話，理所當然就是：「啊呀，老先生千里迢迢來到我們這裡來，想必會給我們帶來很有用、可以帶來利益的協助吧？」

像孟子這種人，是國君的流動幕僚，到任何一個地方，最主要的目標一定是說服國君接受他們的主張，進一步任用他們協助處理國政，所以梁惠王的問候很普通、很正常，「利吾國」，是國君判斷要不要接受游士意見天經地義的標準。

孟子去到梁國之前，已經有了一定的名氣，也才能直接見到梁惠王。這件事發生在西元前三二八年，那年孟子四十四歲，梁惠王開口稱「叟」，顯然不完全針對孟子的實際年齡，有衝著孟子名聲而來的尊敬之意。

梁惠王絕對沒料到，如此平常的初見面招呼套語，竟然就引來孟子的否定，加上一大段訓誡。「**孟子對曰：『王何必曰利，亦有仁義而已矣。……』**」孟子的回應是：「王幹嘛要提利、利益呢？難道你不知道有比利益更重要的——『仁』和『義』嗎？……」

梁惠王顯然來不及弄清楚狀況，孟子已經滔滔不絕鋪陳其道理了：

「**『王曰：「何以利吾國？」大夫曰：「何以利吾家？」士庶人曰：**

「何以利吾身？」上下交征利，而國危矣。……』」「國君問：『如何對我的國有利？』大夫就問：『如何對我的家有利？』沒有封地的士和庶民就問：『如何對我自己有利？』上上下下都求利，互相爭奪利益，這個國可就危險了。……」

國君考慮國的利益，擁有封地的大夫就會相應考慮自己封地的利益，同樣的士庶民就考慮自身的利益。從上到下，想的都是從自己出發的利益，然而上下的利益彼此交錯，這方的利益增加了，很可能就損傷了那方的利益，因而考慮利益必然產生利益衝突與爭奪，這是「危」的來源。

「『萬乘之國，弒其君者，必千乘之家；千乘之國，弒其君者，必百乘之家。萬取千焉，千取百焉，不為不多矣。……』」《史記．太史公自序》中有一段話說：「**《春秋》之中，弒君三十六，亡國五十二，諸侯奔走不得保其社稷者不可勝數。**」《春秋》經文紀錄的兩百多年間，就發生了三十六次弒君事件，正式被滅亡併吞的國高達五十二，平均六年多就有一個國君被殺，平均四年多就有一個國滅亡。這種狀況進入「戰國」之後，更加嚴重、激烈，所以孟子直接在梁惠王面前說：「具備萬乘實力的大國中，弒君的一定是具備千乘實力的大夫；具備千乘實力的中等國家中，弒君的一定是具備百乘實力的大夫。這些大夫，他們的實力都已經達到國君的十分之一——萬中有千，千中有百——了，難道還算少嗎？……」意思是自己已經擁有那麼多了，為什麼還要弒君呢？

因為：「『**苟為後義而先利，不奪不厭。……**』」孟子的解釋：「如果大家都只想怎樣是有利的，不考慮不在乎怎樣是對的、正當的（「義」），那就會產生這種不論自己已經擁有多少，都一定要爭奪更多，不去爭不去搶就無法滿足的現象。……」

孟子前面說：「上下交征利，而國危矣。」到這裡他傳遞的訊息更直接、更迫切了，實際上是「上下交征利，而國君危矣！」如果國君不希望遭遇這種弒君爭奪的危險，那就應該聽下面的建議：「『**未有仁而遺其親者，未有義而後其君者。王亦曰仁義而已，何必曰利？**』」「應該趕緊停止強調『利』、追求『利』，轉而提倡『仁義』，反而『仁義』才對國君最有好處。相信『仁』、行『仁』的人，絕對不會忽略、遺棄他的親人；相信『義』、遵守『義』的人，也絕對不會輕蔑、傷害他的君王。」這裡孟子給了「仁」

與「義」最簡單的行為定義。「仁」就是遵從倫理，看重親人；「義」就是有一種堅持正當行為，不作不該作的事的信念，規矩上國君在前，那麼實踐上就不會將國君放到個人考量之後。然後孟子將前面說過的話，當作總結再說一次：「王，你應該說『仁義』才對，不要再說『利』了。」

仁義才能帶來真正的利益

開頭第一篇，就展現了孟子複雜的雄辯思維。他毫不留情地給梁惠王當頭棒喝，抓住梁惠王見面客套話中的「利」字大作文章。但我們不必替孟子擔心，梁惠王聽了這番話會發怒翻桌，因為雖然明白地說「不必曰利」，但只要梁惠王仔細聽進孟子說的，他立刻會自己得到話中有話的推論，是：其實從國君的角度看，「仁義」才是大利，提倡「仁義」才真正符合國君的利益。「曰利」，把「利」掛在嘴上、放在心上，讓國中大家都嘴上說「利」、心頭想「利」，反而是對國君最不利的。

孟子不是個傳統主義者。他對梁惠王主張「仁義」，理由不是因為「仁義」就是對的，或「仁義」是古聖所教誨的、幾百年流傳下來的，或堯舜先聖都奉行「仁義」所以今天的國君也應該奉行「仁義」。不，他其實是順著梁惠王對「利」的重視，否定梁惠王原本認為的「利」，教他若真要有利於自己，「仁義」才是對的答案。

孟子沒有直接用「利者非利」一類「正言若反」的表達方式，但他的推論，實質上仍屬於弔詭悖論。他的雄辯以指出對方的想法「似是而非」來展開——你以為追求「利」就必然有利，不，這個想法錯了，追求「利」反而會帶來「危」，帶來禍害；追求「仁義」才能真正帶來「利」。

貫徹《孟子》書中雄辯的主軸，就在於將當時一般人，尤其是國君視之為落伍、無用的人倫、「仁義」、周文化傳統價值，表現為最適合、最能應對當時環境的觀念。這點上，孟子和孔子很不一樣。孔子夢想的，是取消春秋時代變動、破壞的力量，回歸西周原始狀態，那麼舊有的倫理條目、人格常規就都能恢復發揮其作用了。孟子卻主張，不必回撥時鐘，不可能退回周初情境，就在戰國的現實中，「仁義」為首的這些倫理條目、人格常規都還有用，甚至都還是最好用、最有用的。

下一篇，再度示範、顯現了這種悖論雄辯的風格。「**孟子見梁惠王，王立於沼上，顧鴻雁麋鹿，曰：『賢者亦樂此乎？』……**」孟子又見到了梁惠王，但這次不在宮中，而是在園林水池邊。梁惠王環顧欣賞園中養的大大小小禽鳥、大大小小走獸，對孟子說：「『賢者』也喜歡這樣的享受嗎？……」

「賢者」，既是對孟子的敬稱，也是梁惠王帶點不好意思的疑惑。梁惠王喜歡園林動物，但又意識到這種享受似乎不符合傳統賢君的形象，所以問孟子怎麼看。

「**孟子對曰：『賢者而後樂此，不賢者雖有此不樂也。……』**」

又是逆反了梁惠王的預期，孟子的回答是：「只有『賢者』才能享受這種樂趣，不是『賢者』的，就算有了同樣的環境、同樣的條件，都無法真正擁有如此享受。……」孟子顯然立刻明瞭梁惠王對於在他面前表現喜愛園林動物，感到尷尬、甚至罪咎。一個「賢者」，尤其是一個擔任國君的「賢者」，依照傳統的道理，不應該追求這種樂趣，應該將心力放在照顧人民、管理國政上，公眾福祉重於私人娛樂。梁惠王此問，就是有了會被孟子批評教訓的準備，預期孟子會說：「不賢者而後樂此。……」只有那些不像樣的國君才會將時間精力耗費在遊園賞鳥上啊！

但孟子偏不批評教訓。雄辯的一種手法，就是故意違背聽者的預期，因而激發聽者的好奇、乃至震驚，於是對說者所言留下深刻印象。梁惠王不會想到簡單的招呼問候語竟惹來最嚴厲的威脅，聽到孟子「弒君者」那一段話，一時片刻絕對忘不掉。同樣的，梁惠王怎麼想都想不到，孟子非但不批評他的個人園林享受，反而用贊成、稱許的口氣說：「賢者而後樂此。……」

孟子接著解釋：「『《詩》云：「**經始靈臺，經之營之，庶民攻之，不日成之。經始勿亟，庶民子來。王在靈囿，麀鹿攸伏，麀鹿濯濯，白鳥鶴鶴。王在靈沼，於物魚躍。**」』……」天啊，孟子竟然還正經八百引用了《詩經．大雅．靈臺》的句子，這是詠周文王的。我們可以想見梁惠王聽到時更強烈的驚訝反應：「我以為我在作一件『賢者』不該作的事，這位『老先生』卻不只嘉獎我享樂，還把我和周代開國的大賢君文王相提並論!?」

詩的內容描述了文王如何興建「靈臺」。度量規劃，然後準備材料，因為民眾都來一起參與建造，所以「靈臺」一下子（「不日」）就蓋好了。原來規劃準備時，將進度訂得很鬆，打算慢慢來（「不亟」），但沒想到民眾卻像是幫自己的父母做事般賣力，快快就完成了。文王在靈臺周圍的園子裡，母鹿安詳不怕人地伏臥著（「攸伏」），仔細看，那鹿長得很好，毛色光潤（「濯濯」），旁邊還圍著羽毛潔淨漂亮（「鶴鶴」）的白鳥。文王在靈臺邊的水池畔，看到水中魚兒擁擠跳躍。

然後孟子點出這段詩的重點：「『**文王以民力為臺為沼，而民歡樂之；謂其臺曰靈臺，謂其沼曰靈沼，樂其有麋鹿魚鼈。古之人與民偕**

樂，故能樂也。……』」「文王運用眾人的力量來興建臺閣庭園，而人民是高高興興來作的。甚至這座樓臺稱為「靈臺」，這塘水池稱為「靈沼」，都不是文王自己取名的，是人民取的，用來顯示他們的心意。像文王這樣的古賢君，和人民同樂，所以能享受園林之樂。……」

最後，孟子再用反例來強調：「**『〈湯誓〉曰：「時日害喪，予及女偕亡！」民欲與之偕亡，雖有臺池鳥獸，豈能獨樂哉？』**」「反過來看，《尚書．湯誓》中，人民對著夏桀憤怒呼喊：『這個太陽啊（指高高在上的王），你什麼時候滅亡呢？我願意和你同歸於盡！』想想看，人民不惜和他同歸於盡，這種君王就算有園林動物，有辦法自己享樂嗎？」

關鍵不在園林動物，而在國君和人民之間的關係，在國君如何對待人民。繞了一圈，孟子其實還是回到這個主題上。但對於國君的享受，孟子把它從梁惠王要問的「該不該」，從邏輯上轉換為「能不能」。不該問「賢者」，好的國君，該不該如此享受；而要弄明白：如果不是「賢者」，不能好好治民獲得人民的擁戴，那麼他根本就沒有辦法如此享受。人民擁戴國君，國君就能過得自在快樂；人民和國君對立，國君坐立難安，有任何享受可言？

問題的根源是好戰

再下一段，仍然是梁惠王和孟子的對話，不過情境又不同了，梁惠王有備而來，對孟子提出了正式的請教。「**梁惠王曰：『寡人之於國也，盡心焉耳矣。河內凶，則移其民於河東，移其粟於河內。河東凶亦然。察鄰國之政，無如寡人之用心者。鄰國之民不加少，寡人之民不加多，何也？』……**」梁惠王自認：「在治理國家上，盡心盡力。國的西部發生荒歉，就積極將人民遷移到東部來，再把東部生產的糧食運到西部去賑災。換作東部荒歉也同樣積極處理。觀察比較鄰近其他各國，別的國君都沒有那麼用心的，照理說，鄰國的人民應該會被吸引過來，投靠梁國才對，為什麼現實上卻不是如此呢？……」

梁惠王有此疑惑，背景是戰國時代國與國之間競爭的焦點，一是土地、二是人民，兩者密切相關，卻不是同一回事。通常有愈大的土地，就能靠土地的生產力擁有愈多的人民。但不必然。那是沒有簽證、沒有護照、沒有海關的時代，人民有高度的遷徙自由，而且時局愈動亂，人民就有愈強烈的遷徙動機。國要大，要能在競爭態勢中保有優勢，當然要有土地，土地不夠，就撐不起足夠的人口規模。不過，同時也要想辦法不只保住國內既有的人民，最好還能吸引別國的人搬遷過來。人太多，土地不夠了，都還能將人口化為軍隊武力，去奪取鄰國土地。

「**孟子對曰：『王好戰，請以戰喻。填然鼓之，兵刃既接，棄甲曳兵而走，或百步而後止，或五十步而後止，以五十步笑百步，則何如？』……**」孟子不直接回答梁惠王，卻丟了一個問題先要梁惠王回答。他說：「王，你喜歡打仗，我就用戰場上的事來作比喻。戰鼓咚咚（「填然」）響起，雙方兵器互相交接，有士兵解下盔甲丟掉兵器，不打了，掉頭逃跑。有的跑了百步之遠停了下來，有的跑了五十步就停下來。如果那跑了五十步的，嘲笑跑了百步的，說人家膽小逃跑，你覺得怎麼樣呢？……」

「**曰：『不可。直不百步耳，是亦走也。……』**」梁惠王的反應當然是：「哪有這種道理！他只是沒有跑到百步而已，他自己也逃了啊，怎麼能笑人家？……」

孟子早就預料了梁惠王會這樣回答，事實上換作我們來答，也是這樣答吧！然而梁惠王一答，就掉入了孟子的雄辯陷阱裡了。「**曰：『王知如此，則無望民之多於鄰國也。……』**」孟子馬上說：「你既然知道『五十步笑百步』沒道理，也就該知道你的人民不會比鄰國多了。」孟子點出了他要給梁惠王的答案：你沒有比鄰國國君好啊，你自以為的「盡心」，不是真正的「盡心」，根本上，你的作法本質上和鄰國都一樣，所謂「盡心」不過就像沒跑到百步，五十步就停下來而已。

然後他仔細說明了真正「用心」、「盡心」的國政應有的作法。「**『不違農時，穀不可勝食也；數罟不入洿池，魚鱉不可勝食也；斧斤以時入山林，材木不可勝用也；穀與魚鱉不可勝食，材木不可勝用，是使**

民養生喪死無憾也。養生喪死無憾，王道之始也。……』」

關鍵在於不耽誤、不破壞人民的基本生產活動。該耕種該收穫的時候，讓人民能耕種能收穫，那麼穀子糧食就夠吃了。不竭澤而漁，不用細密的漁網去大池裡撈，那麼池中自然長養的魚鱉就夠吃了。不亂砍樹木，給樹木充分時間生長，那麼木材就夠用了。糧食、魚鱉夠吃，蓋房子、取暖的木材夠用，那麼人民既能好好活著，死了也能得到適當的喪禮，都沒有匱乏遺憾。讓人民活著、死了都沒有匱乏遺憾，這就是「王道」的起點。也就是國君正確處理國政的基本要求標準。

這段話中，「無違農時」、「斧斤以時入山林」，孟子連用了兩個「時」字。後面一段，他還會說「雞豚狗彘之畜，無失其時」、「百畝之田，勿奪其時」，又兩個「時」字。這是他要梁惠王理解的重點，作國君的首要責任，在於不妨礙人民的生產規律。為什麼要這樣強調？因為那個時代破壞人民生產之「時」的，就是國君發動的戰爭。戰爭一來，青壯人力就被徵調到戰場上，不管那到底是什麼季節，田地裡需不需要人力。有的田園因而暫時荒蕪了，還有一些田園因為耕種者死在戰場上回不來，就長期荒蕪了。這是最大的耽誤、最大的破壞。

正常糧食生產破壞了，人沒東西吃，只好拿細網將小魚小蝦都撈起來，那麼明年水池裡就沒有魚蝦了。該砍材的時候沒有人力可以去砍材，就只好在不對的時候砍掉了樹木的生機，那麼明年山林就無法持續提供足夠的木材了。

雖然孟子沒有明說，只要細思他的回答，我們就能自己串接起他的邏輯，對於前面才剛讀過的內容，有了不同的體會。梁惠王說「河內凶」、「河東凶」時，我們自然以為「凶」——生產荒歉——是自然因素造成的。但孟子要提醒梁惠王的，正是：如果不是人民被力役調離了生產本位，河內會凶嗎？河東會凶嗎？

更進一步，我們意識到「五十步笑百步」的比喻之前看似輕描淡寫的話：「王好戰，請以戰喻。」其實多麼沉重啊！反應迅捷的雄辯家，早在說這句話時，就已經給了梁惠王答案——唉，就是因為你和鄰國國君一樣愛打仗，人民當然不會增加嘛！

說完了「王道之始」，孟子期待國君在這基本標準之上，追求更高的成就：「『五畝之宅，樹之以桑，五十者可以衣帛矣；雞豚狗彘之畜，無失其時，七十者可以食肉矣；百畝之田，勿奪其時，數口之家可以無饑矣。謹庠序之教，申之以孝悌之義，頒白者不負戴於道路矣。老者衣帛食肉，黎民不饑不寒，然而不王者，未之有也。……』」

「農家擁有五畝大的宅園，可以在那裡種桑樹養蠶繅絲，五十歲以上的人就能夠穿絲綿衣了。宅園裡還能養雞豬狗等牲畜，不違失繁殖季節，那麼七十歲以上的老者就固定有肉吃了。農家擁有百畝田地，按時下田，那麼一家人都可以不用挨餓。然後謹慎認真透過鄉里庠序活動，教人民孝悌的是非道理，人人知道孝親敬長，那麼就不會有頭髮花白的長者背著重物在路上走，年輕人自然會去幫忙代勞。處理國政，能夠做得到讓七十歲的人穿得好吃得好，一般人不必擔心受餓受凍，這樣的國君，必定能夠稱王於天下。……」

這裡有個關鍵字，當動詞用的「王」。這個字及其代表的意思，會在《孟子》書中反覆出現。春秋時諸國並立的情況，到這時已經消失了，只剩下幾個大國彼此爭戰。誰都看出來的基本趨勢是：剩下的國只會愈來愈少，很有可能到最後只剩一個。僅存的數國，當然都緊張兮兮希望自己會是那最後一個，每個國君都期待自己成為最後還能屹立不搖的那個王。「王」就是用來描述那個終局的特殊用語，統一天下最後還能為王這件事。什麼樣的人能「王」呢？怎樣的條件能讓這位國君「王天下」呢？是當時再現實再迫切不過的政治議題。

孟子給的「王天下」的條件是什麼？是回歸正常，讓人民以正常的方式生產、過活，如此而已。「七十者衣帛食肉，黎民不饑不寒」，就這麼兩句話，沒有任何奇特可觀之處。這又是孟子追求、創造的雄辯效果。人人都認為「王天下」是多大的非常事業，一定要有非常的條件才能成就，孟子偏偏說：只要做得到給人民基本的照顧，這樣的國君就能「王」，而且是百分之百保證一定能「王」，「然而不王者，未之有也。」

「『狗彘食人食而不知檢，塗有餓莩而不知發，人死，則曰：「非我也，歲也。」是何異於刺人而殺之，曰：「非我也，兵也。」王無罪歲，斯天下之民至焉。』」前面好意勸梁惠王要「王天下」其實不難，接著孟子又立刻換上一張嚴厲的臉色，以指責的口吻回答梁惠王前面的問題。「今天的現實是，國君、貴族養的動物，吃得比一些人民更好，你卻不知檢討檢點；路邊躺著餓死的屍體，你卻不趕緊將儲藏的糧食拿出來救濟。自己的人民死了，你的說法是：『年頭不好啊，自然天候造成了荒歉，不是我，我無能為力，我沒有責任。』這跟拿刀刺殺人，卻說：『不是我殺的，是刀子殺的。』有什麼兩樣嗎？如果你不要歸罪年頭不好，承認造成荒歉你有責任，你沒有做對做好，那麼天下的人民就都會來投靠你了。」

原來梁惠王的問題裡，就已經藏著答案了。鄰國的人為什麼不會來？因為梁惠王將荒歉視為與他無關，同時認為移民移粟是他「盡心」的表現。看在孟子眼中，這種態度和鄰國國君沒有本質上的差別。真要有本質上差別，梁惠王必須承認自己愛打仗與奢侈享受的習慣，是造成荒年的因素；他更應該看到讓人民得以安居，是國君的責任，不是對人民的恩惠。唯有如此調整態度，才有可能吸引人民願意來投靠。

借孔子之口開罵

「梁惠王曰：『寡人願安承教。』孟子曰：『殺人以梃與刃，有以異乎？』曰：『無以異也。』『以刃與政，有以異乎？』曰：『無以異也。……』」這一則，一方面順著上面一則繼續討論國君對於人民的責任，另一方面卻又有了和前面三則都不一樣的表現方式。

仍然是梁惠王和孟子之間的對話，這一回，梁惠王姿態再低不過，直接說：「我很樂意聽您教導。」你要說什麼我就聽什麼。話中特別用了「安」字，表示梁惠王很清楚孟子要說的，不會是什麼好聽話，但他仍然願意聽，會安然不發作地好好聽。

梁惠王很直接，孟子卻不直接，迂曲問：「你覺得用棒子打死人，和用利刃把人刺死，有不一樣嗎？」梁惠王回答：「沒有不一樣。」孟子進一步再問：「那用利刃殺人，和以苛政殺人，有不一樣嗎？」不同工具、不同手段，都是殺人，所以梁惠王還是回答：「沒有不一樣。」

「曰：『庖有肥肉，廄有肥馬，民有饑色，野有餓莩，此率獸而

食人也。獸相食，且人惡之，為民父母行政，不免於率獸而食人，惡在其為民父母也？』……」梁惠王同意「以政殺人」也是殺人，沒有反對、沒有辯解，顯現他真是「願安承教」，孟子才說出批評意見：「你的廚房裡有吃不完的肥肉，你的馬廄裡馬養得很肥，但你的人民卻將饑餓寫在臉上，道路上看得到餓死的屍體。兩相對比，這豈不等同於帶領動物吃人嗎？動物彼此互相殘殺啃食，我們人看了都覺得受不了，然而應該如父母般慈愛、保護人民的國君，竟然連避免帶領動物吃人都作不到，這哪能算得上是慈愛、保護人民呢？……」

孟子說的話，的確不好聽。指責梁惠王帶著動物吃人。後面還有令人更難堪的。「**『仲尼曰：「始作俑者，其無後乎！」為其象人而用之也，**

如之何其使斯民饑而死也？』」孟子引用孔子的話說：「發明以木偶來陪葬的人，會斷子絕孫吧！」孔子說那麼重的話，為什麼？不過就因為木偶長得像人，卻被拿來陪葬。用木偶陪葬的人，難道不會覺得好像把人活埋而感到不安？失去了這種不安的感受，對孔子來說已經是很嚴重的事了。用這種標準看，那讓人民饑餓而死，該怎麼辦？

孔子的話，是詛咒。俑，是用來取代活人的。原先真的有將活人拿去陪葬的作法，後來文明些了，不用活人，改用刻成人形的俑。但依照孔子的人道標準，就連拿俑去陪葬都無法接受，因為那是象徵性地剝奪人命。象徵性剝奪人命，孔子都要用那麼重的詛咒來予以反對，那要拿真正把人餓死的行為怎麼辦呢？

這段話，是要讓梁惠王明白，孟子說他帶領動物吃人，不是誇張的高標準。和孔子的標準相比，這標準一點都不高。換作孔子來評斷梁惠王這種「廄有肥馬，路有餓莩」的作法，大概會氣到說不出話來吧！孟子拐了個彎對梁惠王說：你這種作法，換得絕子絕孫的報應，都不為過啊！

孟子對於國君，還真說得出這麼兇狠的話，以滔滔的雄辯包裹著，展開心理攻勢，要讓國君接受儒家親民愛民的理念。

仁者無敵

「梁惠王曰：『晉國，天下莫強焉，叟之所知也。及寡人之身，東敗於齊，長子死焉；西喪地於秦七百里；南辱於楚。寡人恥之，願比死者一洒之，如之何則可？』……」仍然還是梁惠王和孟子的對話，這一段又有跟前面四段不同的情境。梁惠王對孟子的提問，其實正顯示了為什麼孟子說那麼兇狠的話，梁惠王沒有發怒，沒有當場把孟子趕出去，沒有從此將孟子列為拒絕往來戶。

因為梁國居於困境中。梁國，也就是魏國，是「三家分晉」後出現的。

西元前四〇三年，晉國三個勢力最強大的大夫靠著實力，讓周天子承認他們為正式的諸侯，幾年後，他們將晉的最後一位國君晉靜公廢除，徹底瓜分了晉的國土。而這三個新興之國——韓、趙、魏——之中，魏占據了最核心的土地，國力也最強，因而到梁惠王時，依舊視自己為晉的主要承傳者。

梁惠王問孟子：「我們晉國，曾經是天下最強的國。這是老先生你知道的。」春秋時代，晉文公建立了霸業，之後晉國一直都是沒有人敢輕視、忽視的大國。「然而在我當國君這幾年間，東邊敗給了齊，馬陵之役甚至連我的大兒子都被俘而死；西邊又被秦陸續侵奪了七百里的土地；南邊也受到楚的威脅欺侮。對這些事，我深感羞恥，希望能替這些戰死的人報仇，怎麼樣才作得到呢？……」

魏國雖大，但位於四戰之地，被其他強國包圍。東邊是老對手齊國，西邊、南邊又有快速崛起的新興邊境勢力秦和楚，大家都覬覦魏國的土地與人民。梁惠王聽過了孟子對國政的原則訓誡，這次他要問很明確、很具體的問題，要求得到很明確、很具體的答案——要如何勝過齊、秦、楚這幾個鄰國？要如何能打勝仗雪恥呢？這裡，「好戰」的梁惠王念茲在茲的，是「戰」，是如何打勝仗。

「**孟子對曰：『地方百里而可以王。王如施仁政於民，省刑罰，薄稅斂，深耕易耨。壯者以暇日修其孝悌忠信，入以事其父兄，出以事其長上，可使制梃以撻秦楚之堅甲利兵矣。……』**」

孟子的回答是：「一個百里見方大小的國，如果用對的方式治理，都可以『王』，讓天下人民歸服。」這句話是對應梁惠王所說的重重失敗挫折，孟子提醒他，就算「東敗於齊」、「西喪地於秦」、「南辱於楚」，梁國仍然是個大國，遠大於「地方百里」。話中隱含的意思，也就是教訓梁惠王，你目前擁有的條件，仍然足以追求更高的目標、更遠大的理想，幹嘛滿腦子想的只是東邊、西邊、南邊打仗復仇而已呢？

所以明知梁惠王要問打仗復仇之事，孟子卻還是回到根本道理上來規勸他：「如果你可以對人民施行仁政，刑罰少一點、稅負輕一點，鼓勵投注更多人力也就可以有更多收穫的農作方式，土要犁得夠深，並且勤於鋤草。年輕壯丁農閒時還能修養德行，遵守孝悌忠信的道理，在家裡侍奉父兄，出門侍奉長輩，做得到這樣，那就算只給他們木棍都能夠打贏擁有堅實盔甲、銳利兵器的秦楚大軍了！……」

孟子所說的「仁政」，歸結到柢，還是那件事——「不奪農時」，非但不要以力役之征將年輕人從土地上拉開，還應該鼓勵他們花更多時間在農田裡，生產更富足的收穫。還要給他們留出可以受教育、學規矩的時間，這才是強國的根本方法。

「『**彼奪其民時，使不得耕耨以養其父母，父母凍餓，兄弟妻子離散。彼陷溺其民，王往而征之，夫誰與王敵？**』……」為什麼不講究兵戰，反而國家會強大，可以戰勝鄰國呢？孟子的道理是：「比較來看，那些好戰之國，侵奪了人民耕種的時間，使得他們沒辦法好好種田生產來供養父母。父母挨餓受凍，家人四處離散，沒辦法聚守在一起。這等於是他們的國君將人民陷在水深火熱之中，人民不可能支持這樣的國君，如果你去征伐這樣的國家，誰來抵擋你、跟你作對呢？……」

孟子所說的，明顯是一體兩面的道理。行仁政，得到人民衷心的效忠，很容易就能打敗讓人民痛苦、離心離德之國；倒過來，如果梁惠王堅持好戰，那麼遇到別人來征時，在「陷溺」之中的梁國人民，也很容易就會背棄他們的國君啊！

最後，「『**故曰：「仁者無敵。」王請勿疑。**』」「所以說：『行仁政的仁者，沒有對手。』請你不要懷疑這項真切的道理。」

打仗的關鍵不在什麼樣的武器、什麼樣的戰陣，而在人民活得好不好。活得好，他們珍惜自己既有的生活，就會拼命保護自己的國；活得水深火熱，他們一心希望能改變現狀，就不可能有所堅持。因而前面一種人民遇到後面一種人民，不管前者的武器多原始多粗糙，後者的武器多精良多銳利，結果都一定是前者勝過後者。

孟子知道梁惠王會覺得他答非所問，沒有針對具體的作戰報復辦法回答，所以特別強調「仁者無敵」，這句話的本意是「沒有人會要和『仁者』為敵，『仁者』沒有敵人」，孟子卻在雄辯的脈絡下，巧妙地將之轉化為「『仁者』沒有對手，到哪裡都會贏」的意思，叫梁惠王不要懷疑這看起來似乎迂遠的答案，要相信「仁政」的巨大優勢。

創造古代思想的當代價值

孟子的雄辯建立在一個他自己深信不疑的道理上——仁義可以強國、仁義可以征服、仁義可以戰勝諸國統一天下。那個時代的國君念茲在茲的都是如何可以擴張國勢，如何比鄰國更強，如何更有效地進行征戰。他們不理會傳統倫常規範，覺得那已經被證明是過時、失效了的方法。

儒家傳承封建「王官學」，以古昔為標準，嚴厲批判現實，主張逆轉變化，回復想像中的封建宗法黃金年代，回復「君君臣臣父父子子」的人倫定則。這樣的態度，基本上是不現實、也無法應對現實的，是要取消現實已有的變化，將時間扭轉回去，認為只要「回到過去」，一切就都好了。

這種主張，在戰國時期愈來愈無力。尤其是作國君的，特別聽不進這種話。一來，現實征戰幾乎不存在他要不要打的選擇，不是你占人家土地，就是人家攻過來占你土地。二來，真要「回到過去」，難道像魏國這種破壞了封建宗法才新興的國，要自我取消國的地位，梁惠王要交出國君位子，退回去當大夫嗎？

到了孟子的時代，真正有力量、有市場的，是純粹現實功利的主張。縱橫家教國君如何善用和鄰國之間的關係，創造對己國最有利的情況。兵家教國君如何訓練軍隊、如何加強紀律、如何布陣作戰。還有法家教國君如何更有效地管制人民、如何集中人力與資源、如何降低統治上的不利變數。

孟子了不起的地方，在於開創了一條「傳統主義」和「現實主義」之間的新道路，並且找到了一種用來描述、推動這條新道路的論辯方法。孟子不是「傳統主義者」，他不用「這是過去傳留下來的，是聖王發明、運用過的，所以一定是好的」這種「傳統主義」邏輯。他看重現實，針對現實而改寫了「仁義」的意義。

那個時代的人普遍認為「仁義」就是一套傳統政治原則，是在沒有列國爭戰的環境下形成的規範，「仁義」必然無助於富國強兵的現實需求，孟子卻發動其滔滔雄辯，讓我們在兩千多年後仍然感覺到內在的道理熱度，主張：「仁義」既不會妨礙富國強兵，也非和富國強兵無關；相反地，「仁義」是朝向富國強兵最好、甚至唯一的途徑。不循「仁義」之途，無法確實富國強兵，還會帶來許多負面的後遺症。

「予豈好辯哉，予不得已也。」很多人會背孟子這句話，卻很少人回到歷史的情境下真切了解孟子的「不得已」有多「不得已」。他的「不得已」，因為他的主張是違逆時勢潮流的，更因為他的主張不是單純從前人那裡承襲而來的。他必須要「辯」，才有機會在眾聲喧嘩的戰國環境中，越過更容易被理解的「傳統主義」和「現實主義」立場，被國君聽到。

後世儒家變成了正統，「孔孟」又是正統中的正統，於是人們往往就忘了一個再清楚明白不過的事實──「孔孟」相關經典產生時，他們的想法、說法可絕不是正統。他們必須費很大的力氣對抗當時的主流，努力改變別人的想法。他們說的道理，不是一眼就能懂的，他們更未握有可以強迫別人必須接受這些道理的權力。孔子活著的時候，沒有這份權力；孟子活著的時候，也沒有這份權力。

「予豈好辯哉，予不得已也。」真不是隨便說的。不「辯」，不靠「辯」建立起名聲，手上沒有任何具體權力的孟子，恐怕連讓梁惠王見他，客客氣氣打聲招呼說：「叟不遠千里而來……」的機會都沒有吧！

第二章　通向王業的大道

發自浩然正氣的雄辯

梁惠王相對算是比較尊重孟子，也比較能接受他雄辯提出的大道理的。至少相對於他的兒子梁襄王。

「**孟子見梁襄王。出語人曰：『望之不似人君，就之而不見所畏焉。……』**」梁惠王去世，梁襄王剛繼位，孟子去見這位新立的國君。真有趣，這段記錄的寫法，和前面的每一段又都不一樣。記錄的時點，不是孟子和梁襄王對話的現場，而是對話結束了，孟子離開王廷後對別人說的話。

孟子說的第一句話，是對梁襄王的初步印象：「遠一些看，沒有個國君的樣子；靠近了，也感覺不到他有什麼規矩禮儀。……」「望」和「就」是相應聯繫的，所以上半句和下半句密切相關。上半句說，用看的，梁襄王的外表不像國君；下半句則進一步解釋，那應該怎樣才像國君，才是適合當國君的態度。

「就之而不見所畏焉」，常常被解為「靠近了發現他也沒有什麼值得被害怕的地方」，也就是說梁襄王的問題在於缺乏威嚴。從文本上看，這種解法很難成立。首先，文獻上的句法是「不見所畏焉」，不是「不見可畏焉」。其次，我們看過孟子對待梁惠王的方式，《孟子》書中他還留下了另一句精彩的名言：「說大人者，必藐之。」我們很難想像這樣一個人會主張國君應該有威儀，應該在他面前擺出一副架子，才能得到他認可。

更關鍵的，是後面孟子轉述和梁襄王的對話。梁襄王連續問了三個問題：「天下惡乎定？」「孰能一之？」「孰能與之？」都很簡短，都很直接。因而孟子批評的，顯然是這位新君不懂禮貌、沒規矩，還有，在態度上不謹慎不莊重。他爸爸梁惠王見到孟子，都還客客氣氣謙虛地稱「叟」，客客氣氣地說「寡人願安承教」，這個年輕人卻大剌剌地開口就問「天下惡乎定？」

對孟子而言，當國君的必要條件，是要懂得尊重什麼、在意什麼，懂得對什麼事情什麼人不隨便。換句話說，作國君的，不能高傲、不能輕慢。梁襄王「望之不似人君」，不在於沒有威嚴，相反地，在於其展現出的高傲、輕慢態度。

「『卒然問曰：「天下惡乎定？」吾對曰：「定於一。」「孰能一之？」對曰：「不嗜殺人者能一之。」「孰能與之？」』……」孟子的形容是：「沒頭沒腦地，開口就問：『天下如何才能平定？』」沒有招呼、沒有禮貌，而且一問就問大而空泛的問題。梁襄王沒禮貌來，孟子也就粗魯回去，他用最簡單的方式答：「會平定在『一』（統一，紛爭歧異消失了）。」對照前面光是針對梁惠王問「亦有利於吾國乎」，孟子就說了那麼一大串，「定於一」區區三個字，當然是孟子故意擺出懶得多說的姿態。

梁襄王沒意識到孟子的不爽，仍然自顧自又問：「那誰能『一』呢？」他不是問：「那如何能『一』呢？」而是問：「那誰能『一』呢？」話中的意思預期孟子應該拍他馬屁說：「啊，就是大王您能『一』啊！」

真是高傲、輕慢。既然梁襄王又一次沒禮貌來，孟子就再一次粗魯回去，還是用最省話的方式回答：「不喜歡殺人的人能『一』。」這當然不是梁襄王想聽的，於是梁襄王的回應是：「誰會服從、跟隨他呢？」這話更傲慢了，帶有譏嘲的口氣，意思是：不喜歡殺人，要怎樣壓得住人民，叫人民服從、跟隨呢？

孟子實在不能不以雄辯教訓他了。「『**對曰：「天下莫不與也。王知夫苗乎？七八月之間旱，則苗槁矣。天油然作雲，沛然下雨，則苗浡然興之矣。其如是，孰能禦之？……」**』」對梁襄王的譏諷，孟子強硬地頂回去：「誰會服從？誰會跟隨？全天下都會！」然後也帶著譏嘲的口吻問梁襄王：「你懂農作嗎？你看過秧苗嗎？盛夏之時不下雨乾旱，秧苗枯萎了。這時天上烏雲堆積，然後大雨豐沛地降下，於是秧苗立刻蓬勃、快速地生長。有誰能抵擋、阻止這種狀況嗎？……」

「『今夫天下之人牧，未有不嗜殺人者也。如有不嗜殺人者，則天下之民皆引領而望之矣。誠如是也，民歸之，猶水之就下，沛然誰能禦之？』」「現在的狀況是，所有作君王帶領人民的，沒有一個不殺人、不喜歡殺人。假使出現了一個不殺人、不喜歡殺人的的國君，那麼全天下的人民都會伸長了脖子企盼他能是自己的國君。如果真是那樣，人民服從、跟隨這位國君，就像水往低處流一般自然，那樣洶湧的來勢，有誰能抵擋、阻止嗎？」

孟子話中隱含的意思是：就是有你們這些只相信殺人、戰爭的傲慢國君，所以各國人民都像盛夏間快被曬死的秧苗，奄奄一息等待著天降甘霖，把他們從這種飽受壓迫、威脅的狀況中解救出去，這份心態，正是「一」的基礎，也是「一」的力量來源。

雄辯要靠漂亮、有力的語言。孟子語言中將兩件事扣搭得多緊！解救秧苗，先是「天油然作雲」，視線是往上的；接著是「沛然下雨」，水往下傾洩。相應的，人民企盼「不嗜殺人」的國君，也是把脖子盡量伸長的仰望之姿；接著人民投靠「不嗜殺人」的國君，其勢也是如水如雨，沛然往下洶湧而來。

「吾善養我浩然之氣」，孟子的確有「氣」。面對梁襄王這樣高傲的國君，他絕不輕讓。他堅持一位像樣的國君，必須「有所畏」，不是要怕他，而是要對那份得以鼓起「浩然之氣」的道理的尊重。不能抱持一種隨時可能遇到比我有智慧的人的敬畏態度，就沒有資格作領導、當國君。

王道始於仁心

再下面是《孟子．梁惠王上》這卷中最後一篇，也是最長的一篇。孟子離開了梁國，去到齊國，和他對話的，換成了齊宣王。

「**齊宣王問曰：『齊桓、晉文之事，可得而聞乎？』孟子對曰：**

『仲尼之徒，無道桓文之事者，是以後世無傳焉，臣未之聞也。無以，則王乎！』……」齊桓公、晉文公，是春秋時最重要、最成功的兩位「霸」者，實質上代替了周天子協調、統合諸侯。齊桓公在位時，也是齊國歷史上最強盛、最輝煌的年代。齊宣王顯然要問孟子：「我如何才能效法齊桓公，在這個時代重建像齊桓公、晉文公那樣的霸業？」

孟子沒有直接回答齊宣王的問題。我們應該已經很習慣孟子這樣的反應方式了，不過他扭轉齊宣王問題的方法，還是令人驚訝。他說：「孔子弟子向來不講齊桓公、晉文公的事蹟，所以儒家後世沒有流傳這方面的知識，我從來不曉得齊桓公、晉文公是怎麼回事。如果要說，那就只能談談『王』吧！……」

孟子的話，表面上說得很客氣，為的是要傳達骨子裡很不客氣的訊息。表面上他說：「抱歉，我們儒家對齊桓、晉文的霸業不了解。」骨子裡要傳達的是：「唉，我們儒家不屑談『霸』，要跟我談，你應該要有高一點的標準、大一點的志氣嘛！要談，我只願意談『王』！」

孟子怎麼可能真的不了解齊桓、晉文？孔子弟子哪有從來不講齊桓、晉文的？孟子說的，不是事實，那是他要把討論議題從齊宣王設定的「霸」轉向「王」的修辭策略。短短一句話，孟子就將設定議題的權力，從齊宣王手中奪了過來。

「曰：『德何如則可以王矣？』曰：『保民而王，莫之能禦也。』曰：『若寡人者，可以保民乎？』曰：『可。』曰：『何由知吾可也？』……」齊宣王不是不知道「王」的等級高於「霸」，聽孟子將話題從「霸」轉到「王」，他有一種受到重視、抬舉的感覺。不過他要先試探一下，孟子要說「王」，意味著覺得他有資格、有可能追求「王」？

齊宣王先問：「具備怎樣的好條件，可以『王』，可以統一天下呢？」孟子給的答案是：「藉由保護人民來統一天下，就一定沒有任何阻礙。」這個答案聽起來有點太簡單，齊宣王再確認一下，問：「那像我，有辦法可以保護人民嗎？」這話已經夠直接了，等於就是在問孟子：「我也有機會可以統一天下嗎？」孟子再清楚不過齊宣王心中轉的念頭，所以斬金截鐵只說：「可以。」齊宣王更驚訝了，他原本認定自己連要成就如齊桓、晉文那樣的霸業都沒把握，想也想不到孟子竟然毫無保留地就說他可以「王」。「你怎麼知道我可以呢？」這是齊宣王真正的疑惑。

「曰：『臣聞之胡齕曰：「王坐於堂上，有牽牛而過堂下者，王見之，曰：『牛何之？』對曰：『將以釁鐘。』王曰：『舍之。吾不忍其觳觫，若無罪而就死地。』對曰：『然則廢釁鐘與？』曰：『何可廢也？以羊易之。』」不識有諸？』……」愈是簡短、直截的答案，孟子愈不可能是隨口說說的。會答：「可」，他早有充分的解釋準備。

孟子問王：「我聽你身邊的胡齕告訴我，前幾天你坐在堂上，有人牽了一頭牛從堂下走過，你看了就問：『牛要牽去哪裡？』回答是：『要牽去當釁鐘之禮的犧牲。（殺了之後，將牛的血塗在新鑄的鐘上，求吉祥以免鐘有縫隙，將來無法發出宏亮的聲音。）』你說：『放了牠吧，我不忍心看這頭牛害怕發抖，沒有罪卻要被處死的模樣。』底下的人就問：『那就不行釁鐘之禮嗎？』你說：『釁鐘之禮怎麼能廢？換用羊吧！』真的有這件事嗎？……」

「**曰：『有之。』曰：『是心足以王也。百姓皆以王為愛也。臣固知王之不忍也。……』**」齊宣王簡單地回答：「是有這麼回事。」他一定弄不懂孟子為什麼要提這件事，一定更猜不到孟子接下來要說的話。孟子就說：「有這樣對牛的心意，就足可以『王』了。齊國百姓知道這件事的，都以為你捨不得用牛釁鐘，但我確切知道你的反應是出於同情、不忍。」

再說一次，有效的雄辯讓聽者驚訝，因驚訝刺激而對聽到的話留下深刻印象。除了這個效果之外，孟子在此還迅速取得了齊宣王的信任，齊宣王當然不覺得、不承認自己是因為小氣而放過了那頭牛。

「**王曰：『然，誠有百姓者。齊國雖褊小，吾何愛一牛？即不忍其觳觫，若無罪而就死地，故以羊易之也。……**』」齊宣王說：「是啊，真的有人這樣想。齊國再怎麼小（齊實際上是個大國），也不至於到負擔不起一頭牛，我怎麼可能在這件事上小氣啊！真的是因為不忍心看到牛害怕發抖，沒有罪卻要被處死的模樣，所以才叫他們拿羊去換的。」

齊宣王很高興孟子了解他，還替他辯護，反對那些誤會他的人。但接下來，孟子卻轉而替那些誤會他的人解釋。「**曰：『王無異於百姓之以王為愛也，以小易大，彼惡知之？王若隱其無罪而就死地，則牛羊何擇焉？』……**」孟子說：「但你也不能怪他們認為你小氣。他們看到的是你捨了牛換了羊，拿小的去換大的，拿價值低的去換價值高的，他們能從這裡得到什麼其他的解釋嗎？就算你跟他們說你是不忍心看牛無罪就死，他們還是不會接受，畢竟在這件事上，牛和羊沒有兩樣啊！牛無罪，難道被換去殺了釁鐘的羊，就有罪嗎？……」

「**王笑曰：『是誠何心哉？我非愛其財而易之以羊也，宜乎百姓之謂我愛也。……』**」被孟子這麼一點，齊宣王也意識到其中不合理的地方了，他笑自己：「奇怪了，我到底在想什麼？我真的不是考慮價值高下，小氣才拿羊換牛，但照這樣看，他們說我小氣，還不無道理啊！」

「**曰：『無傷也，是乃仁術也，見牛未見羊也。君子之於禽獸也，見其生，不忍見其死；聞其聲，不忍食其肉。是以君子遠庖廚**

也。……』」孟子安慰齊宣王：「你這樣的錯誤沒有關係，這是仁心的正常反應，關鍵在於你看到了牛，卻沒有看到羊。君子具備基本的仁心，即使對動物，都有同情呼應，看到動物活著的模樣，自然不忍看到牠被殺。聽過動物的聲音，體會到牠活著的生命，就不忍心吃牠的肉。這就是為什麼在居住與禮儀的安排上，要讓君子遠離屠宰房的理由。」

君子，是貴族，具備領導、統治人民的地位與權力。君子的人格道德，必須維持仁心──對於他人痛苦感同身受的基本能力，才能扮演好領導、統治的角色。所以不能讓君子靠近屠宰房，看到、聽到那些被殺來吃的動物。君子要是「近庖廚」的話，只會有兩種必然的結果。一種是君子心情受到強烈感染，就像齊宣王看到牛一樣，「見其生，不忍見其死；聞其聲，不忍食其肉」，於是會干預讓「庖廚」無法正常運作。更可怕、更普遍的另一種結果則是：君子習慣了看到、聽到動物被殺，因而磨鈍了他的同情心，讓他變得殘酷無感，那麼，他能對動物之死無動於衷，也就會對人民百姓受苦受難無動於衷。

重點在於：齊宣王要認知、珍惜自己這份對牛的同情心，拿來作為當國君施政的基礎，適當推擴這份仁心，那就不只能成為好國君，還能「王」天下。

能推恩者得民心

「王說曰：『《詩》云：「他人有心，予忖度之。」夫子之謂也。夫我乃行之，反而求之，不得吾心。夫子言之，於我心有戚戚焉。此心之所以合於王者，何也？』……」

齊宣王很高興地對孟子說：「《詩經．小雅．巧言》中有這樣的句子：『他人有心，予忖度之。』原來就是形容夫子您的啊！明明事情是我自己做的，做完了回頭想，都弄不清楚自己當時內心究竟在想什麼。可是夫子您一講，立即就讓我內在有了同感。但，為什麼這樣的心意會合乎於『王』的道理，我還是不明白啊！……」

「曰：『有復於王者曰：「吾力足以舉百鈞，而不足以舉一羽；明足以察秋毫之末，而不見輿薪。」則王許之乎？』曰：『否。……』」孟子還是不直接回答，繞一個彎問齊宣王：「如果現在有人向你報告說：『我的力氣能夠舉起三千斤的重物，但沒辦法抬起一根羽毛；我的眼力連秋天鳥獸身上新長出來的細毛尾端都看得清楚，但沒辦法看見一整車的木柴。』你同意嗎？」這麼荒唐的主張，誰會接受呢？齊宣王當然搖頭說：「不。」

「『今恩足以及禽獸，而功不至於百姓者，獨何與？然則一羽之不舉，為不用力焉；輿薪之不見，為不用明焉；百姓之不見保，為不用恩焉。故王之不王，不為也，非不能也。……』」孟子就說：「今天你的同情心充沛到可以照顧一頭牛，卻沒有照顧到百姓，為什麼會這樣？為什麼特別厚愛禽獸而不保護人民呢？」然後他就直接將齊宣王的行為和前面的荒唐主張接連起來：「抬不起一根羽毛，是沒有用力；看不見一車木柴是不用眼力；沒有好好保護人民，是沒有好好用你的仁心同情心。三件事是同樣的。你沒有『王』，沒有統一天下，問題不在你『不能』，而在你『不為』。……」

「曰：『不為者與不能者之行何以異？』曰：『挾太山以超北海，語人曰：「我不能。」是誠不能也。為長者折枝，語人曰：「我不能。」是不為也，非不能也。……』」「不為」、「不能」，乍聽下齊宣王還弄不清楚，問：這兩者到底如何分辨呢？孟子用再具體不過的對比解釋：「叫一個人用手臂抱著泰山越過北海，他說：『我不能。』這是真的『不能』。若是叫一個人去幫老人家折一根樹枝下來當拐杖，他說：『我不能。』這不是真的『不能』，不是他沒有能力去做、做不到，而是他不願意去做，不要做，那就是『不為』。……」「不能」涉及的是能力與條件，「不為」關係的卻是意願。

「『**故王之不王，非挾太山以超北海之類也；王之不王，是折枝之類也。老吾老以及人之老，幼吾幼以及人之幼，天下可運於掌。……**』」「所以你今天沒有統一天下，不是像『挾泰山以超北海』那樣的事，而是像為老人家折枝那樣的事。如果能夠照顧自家的老人，推擴這種心去照顧別人家的老人；照顧自家的小孩，推擴這種心去照顧別人家的小孩，那麼天下就都可以被你掌握。……」要治理天下，難嗎？一點都不難，只要你存著那份仁心，願意去關心、保護所有的老者、幼者，也就是所有的弱者。

「『《詩》云：「刑於寡妻，至于兄弟，以御于家邦。」言舉斯心加諸彼而已。故推恩足以保四海，不推恩無以保妻子。古之人所以大過人者，無他焉，善推其所為而已矣。……』」齊宣王引用了《詩》，這裡孟子也引用《詩經．大雅．思齊》裡的話，顯示什麼是「推」，從自身一層層往外擴散。先是推到妻子，然後推到兄弟，然後推到「家」和「邦」，也就是大夫較小的封地領域，以及國君較大的國境內。孟子解釋：「這不過就是把愛護私己的心，用在別人身上罷了。能夠這樣『推恩』，一層層推出去，終至可以保護天下；相反地，若是不能『推恩』，只保護自己，自私自利，那就連妻子和兒女都保護不了。古代聖人為什麼能遠超過一般人，沒有什麼別的秘訣，不過就是善於『推』，將對待自我的心一直推出去罷了。」

「『今恩足以及禽獸，而功不至於百姓者，獨何與？權，然後知輕重；度，然後知長短，物皆然，心為甚。王請度之。……』」孟子將前面的問題複述了一次：「今天你的同情心充沛到可以照顧一頭牛，卻沒有照顧到百姓，為什麼會這樣？為什麼特別厚愛禽獸而不保護人民呢？」對這個問題，齊宣王現在應該自己能夠領略其答案了吧？所以孟子勸他：「我們要知道輕重，得用秤錘、砝碼來量；要知道長短，得用尺來量。每樣東西都有其衡量的標準，心也如此，甚至更需要標準。請您也量一量吧。……」

後世宋明理學中談孟子，特別標舉他的「心學」。「心」在《孟子》書中的確經常出現，是個核心觀念。孟子說的「心」，接近於今天我們說的「感受」，是人的內在與外在交接之處，一方面受到外界刺激有所感受而產生內外連結，另一方面又因將感受表現在外，而感染、傳遞給其他人，產生另一層內外關係。人最大的特性，就在有「心」，會感染、感應情緒，進而會以自己的「心」去推想、理解別人的「心」。這也就是「推恩」的根本。

孟子雄辯主張「仁義」可以平定天下，不是講好聽的，不是強詞奪理，有其前後一貫的論理。論理的前提，就在人有「心」，人與人之間就會建立「同理心」的感應關係，因而也就能「將心比心」，把自私的考量推擴成為保愛眾人的仁恩。換個方向看，人皆有「心」，也就都能辨識、選擇有「仁義」的君王，支持、投靠有「仁義」的君王。得「民心」，人民都來投靠，這種國君怎麼可能不「王天下」呢？

直抵內心的雄辯術

接著孟子引導齊宣王來度量一下他的「心」：「『抑王興甲兵，危士臣，構怨於諸侯，然後快於心與？』……」「量量看，您覺得一定要動員軍隊，讓將士冒生命危險，和鄰國諸侯結怨，心裡才覺得痛快？」

「**王曰：『否。吾何快於是？將以求吾所大欲也。……』**」齊宣王否認：「當然不是，我怎麼可能從使將士冒生命危險、和鄰國諸侯結怨這種事情上得到快樂！這些不是我的目的，是我為了追求更大可欲目標而採取的手段啊！……」

「**曰：『王之所大欲，可得聞與？』王笑而不言。……**」孟子就追問齊宣王「更大可欲目標」究竟是什麼。但齊宣王只笑了笑，沒有回答。

於是孟子就先用反話逗他：「**曰：『為肥甘不足於口與？輕煖不足於體與？亦為采色不足視於目與？聲音不足聽於耳與？便嬖不足使令於前與？王之諸臣皆足以供之。而王豈為是哉？』曰：『否，吾不為是也。……』**」「『大欲』是為了追求更多的享受嗎？嫌現在吃的不夠好？

穿得不夠好？眼前看得到的不夠漂亮？聽到的音樂不夠悅耳？還是侍從不夠使喚？這些，吩咐群臣應該就都能幫您張羅來吧，您難道是為了這樣的享受？」齊宣王當然說：「不是，不是為了這些。」

孟子其實早知道齊宣王的「大欲」是什麼，齊宣王也預料孟子不會贊成他的「大欲」，才「笑而不言」的。「**曰：『然則王之大欲可知已。欲辟土地，朝秦楚，蒞中國而撫四夷也。以若所為，求若所欲，猶緣木而求魚也。……』**」孟子說：「既然不是為了這些，那您的『大欲』我就知道了。你想要擴充國土，要秦、楚這些大國臣服，統治全域，安撫境外四夷。但以你的作法，追求你的目標，那就好像爬到樹上去抓魚一樣啊！……」

短短一段話，孟子連著給了齊宣王三次出乎意外的驚訝。首先是準確地指出齊宣王的「大欲」，而且自信滿滿，甚至沒有多問一句，求證到底對不對。第二是孟子竟然沒有反對齊宣王這種「大欲」，沒有任何批評，而是直接討論要如何達成「大欲」。第三，孟子用了一個奇特、誇張的比喻——到樹上去抓魚——形容齊宣王選擇用來實現「大欲」的方法。

「王曰：『若是其甚與？』曰：『殆有甚焉。緣木求魚，雖不得魚，無後災。以若所為，求若所欲，盡心力而為之，後必有災。……』」

齊宣王聽了覺得很難堪：「有到這麼誇張的地步嗎？」沒料到孟子的回答是：「這樣叫誇張？不，我的比喻和現實相比，非但不誇張，還太節制呢！爬到樹上去抓魚，頂多是抓不到魚罷了，不會帶來什麼後遺症、災難。以你的作法，追求你的目標，隨便做做也還好，如果真要認真、盡心盡力去做，一定會帶來嚴重的災禍。……」

仔細分辨，我們會發現：在此之前，孟子都對齊宣王稱「王」，但在這裡，他改口用「若」，而且連講了兩次「以若所為，求若所欲」，這不是商量、建議的口吻，甚至不是諄諄教誨的口吻了，是明白的訓話。

齊宣王為什麼會忍受孟子的訓話？因為孟子先以雄辯之姿，料中了他的「大欲」，又沒有反對他的「大欲」，卻要跟他討論「大欲」如何實現。孟子的策略震攝住了齊宣王，乖乖聽訓，順從地接受孟子要說的道理。

「**曰：『可得聞與？』曰：『鄒人與楚人戰，則王以為孰勝？』曰：『楚人勝。……』**」齊宣王恭敬地問：「可以告訴我這其中的道理嗎？」孟子不直說，又設問：「要是鄒人和楚人打起來，你認為哪一邊會贏？」楚是數一數二的大國，鄒則是夾在幾個大國間苟延殘喘的小國，大小甚為懸殊。所以齊宣王當然說：「楚人會贏。」

「**曰：『然則小固不可以敵大，寡固不可以敵眾，弱固不可以敵彊。海內之地，方千里者九，齊集有其一，以一服八，何以異於鄒敵楚哉？』……**」「你也認為鄒打不過楚，表示你同意小無法敵大、寡無法敵眾、弱不可敵強，是吧？看看，中國之地，齊占大約九分之一的土地與實力，在齊之外，別人的土地和實力，加起來是齊的八倍，你要用齊的力量去征服中國，一比八的差距，這不是和鄒要戰勝楚同樣不可能嗎？」

具體指出齊宣王想法荒誕不可行，孟子立刻告訴他對的方法是什麼：

「**『蓋亦反其本矣！今王發政施仁，使天下仕者皆欲立於王之朝，耕**

者皆欲耕於王之野，商賈皆欲藏於王之市，行旅皆欲出於王之塗，天下之欲疾其君者，皆欲赴愬於王。其若是，孰能禦之？』……」關鍵在「反其本」，看清楚武力、戰爭是「末」，認知什麼是「本」——「發政施仁」，行仁政。

孟子先形容行仁政會帶來的效果——「天下想要從政作官的，都想到你的朝廷來發展；天下農夫都想到你統領的土地上來耕種；天下作生意的都想要把商品財貨保藏在你管轄的市場裡；天下出門在外的人都想要走在你維護的道路上；還有，天下受到國君苛虐的人民，都想要到你這裡來投訴求你解救。如果做得到這樣，誰能抵抗你呢？……」

這一連串漂亮、有力的話，說得齊宣王心旌動搖。「**王曰：『吾**

惛，不能進於是矣。願夫子輔吾志，明以教我。我雖不敏，請嘗試之。……』」「我的智慧不夠，光靠自己沒有辦法實現那樣的景況。希望您輔佐我的志向，明白告訴我該怎麼做才對。雖然我沒那麼聰明，但請讓我試試看。」

看齊宣王已經被說服了，孟子接著提出具體施政方案：「曰：『無恆產而有恆心者，惟士為能。若民，則無恆產，因無恆心。苟無恆心，放辟邪侈，無不為已。及陷於罪，然後從而刑之，是罔民也。焉有仁人在位，罔民而可為也？』……」

「沒有固定生產依賴，而能夠一直保持同樣的行為與信念，那是『士』（有一定知識與地位，同時也就有一定的德性的人）才作得到的。你不能用這樣的標準來期待你的人民。一般人民，沒有固定生產依賴，就不會有堅定的心志。沒有堅定的心志，那麼各式各樣放縱、偏邪、違法的事都做得出來。等到他們犯了罪，再加刑罰在他們身上，這等於是佈了網子來捕捉人民一樣。仁君在位，卻每天佈了網子在抓人民，像話嗎？……」

「『是故明君制民之產，必使仰足以事父母，俯足以畜妻子，樂歲終身飽，凶年免於死亡。然後驅而之善，故民之從之也輕。今也制民之產，仰不足以事父母，俯不足以畜妻子，樂歲終身苦，凶年不免於死亡。此惟救死而恐不贍，奚暇治禮義哉？』……」這段中，孟子將同樣的意思，正面說一次，反面又說一次，刻意強化給齊宣王的印象。

「好的國君規劃人民的生產，一定要讓他們對上足可以侍奉父母，對下足可以養活妻兒，好年冬時一整年都不愁吃，即便遇到了荒歉之年，也還能存活性命。有了這樣的物質基礎，再引導他們從善，不放縱、不偏邪、不違法，那他們就很容易聽從了。目前的現實卻不是如此，人民的生產，對上不足以侍奉父母，對下不足以養活妻兒，好年冬時一整年都還只能過苦日子，一旦遇到荒歉那就根本活不下去。如此他們光是要免於死亡都顧不過來了，怎麼可能去講求禮、義呢？……」

最後，孟子用跟梁惠王說過的話，原原本本說給齊宣王聽，刻劃出「王」的方法與理想：「『王欲行之，則盍反其本矣。五畝之宅，樹之以桑，五十者可以衣帛矣；雞豚狗彘之畜，無失其時，七十者可以食肉矣；百畝之田，勿奪其時，八口之家可以無饑矣。謹庠序之教，申之以孝悌之義，頒白者不負戴於道路矣。老者衣帛食肉，黎民不飢不寒，然而不王者，未之有也。』」

用邏輯迎戰詭辯

孟子雄辯滔滔，但他從不使用詭辯。他和惠施、公孫龍子這些人，約略同時代；他的雄辯術也和這些人所使用的語言論點，有重疊交集之處，但根本的差異：孟子是為了發揚他的主張，為了推動不合時宜的信念，所以辯。

一來，他從來不「為辯而辯」，或單純為了在言語上壓服別人而辯；二來，他始終保持清楚的邏輯思路，絕不放煙霧在混淆中占便宜。

他的雄辯，來自於在中國歷史上極其少見的一種邏輯自信心。孟子以「距楊墨」而聞名，對於楊朱的「為我」、墨家的「兼愛」，乃至於對許行的「農家」主張，孟子都大加撻伐。除了有信念的差異之外，不應忽略的是還有另一項來自論理的動機——這些學說都缺乏經得起考驗的邏輯基礎，太簡單又太自以為是，孟子的邏輯自信與講究，讓他格外無法忍受這些學說竟然大揚於世。

很可惜，孟子來不及看到法家大盛的時代，要不然他也應該會站在同樣立場，在論辯上挑戰法家吧！梁惠王、齊宣王，和後來的法家一樣，都犯了邏輯上的直線思考毛病。以為要富國強兵，必然就是不斷侵略鄰國，占來更大土地，擁有更多人民。孟子提醒：這種邏輯只看獲得的，卻不考慮所付出的代價，以及會帶來的後遺症。光從邏輯、論理上，他就無法接受如此主張。

孟子強烈反對楊朱，一部分也是因為楊朱的邏輯不通。「為我」要對自己好，所以就把所有好處留在自己身上，絕對不分一點給別人，絕對不造福別人。這麼簡單而粗糙的邏輯，在現實上怎麼可能行得通？怎麼可能真帶來對自己好、保護自己、增加自己利益的結果呢？

傳統上，將孟子尊為「亞聖」，地位上僅次於「至聖」孔子。然而在角色上，孟子和孔子已經有了很大的差別。孟子不是以老師的身分在戰國社會上活躍的。孟子繼承孔子的，恰好是孔子一生最失敗的部分——他的政治遊說、向國君傳達理念的那部分。孔子栖栖徨徨周遊列國，對許多國君說了許多道理，但最後並沒有得到任何一位國君的信任重用。

在這點上，孟子最像孔子，就連帶點悲劇挫折意味的結果，也都很像。儘管具備當時第一流的辯術，頭腦清楚地掌握了堅實的信念，窮其一生，孟子也沒能說服任何一位國君，包括前面讀到的梁惠王、齊宣王在內，真正依照他的教導去行「仁政」。

但也和孔子一樣，從長遠歷史角度上看，孟子的失敗經驗意義非凡。雖然沒有說服任何一位國君，不過因為他的話是真正在現實中面對擁有具體政治權力的人說出來的，因而其內容就一定比在書房裡想出來寫出來的，活潑得多。孔子與孟子都是有信仰的理想主義者，但他們的政治主張卻絕非架空幻想的，而是在與再現實不過的權力面對面抗衡中產生的。那必然是一種現實的理想主義，或理想的現實主義。

此外，這樣的經驗讓孟子說話的方法靈動變化、多采多姿。也讓記錄孟子話語的這部書，格外精彩，那是立體，而非平面的記錄。意思是我們可以讀孟子說話的內容，可以分析孟子雄辯的方法，還可以分析孟子說話的情境與脈絡。這是讀時代稍晚的《老子》、《荀子》或《韓非子》就不再會有的立體閱讀享受。

「善」是人心共同的想望

《孟子・滕文公上》第一篇，就有值得注意的特殊情境。

「**滕文公為世子，將之楚，過宋而見孟子。孟子道性善，言必稱堯舜。……**」這是滕文公還沒有即位，仍然是太子身分時發生的事。滕文公要到楚國去，路途中經過宋國，見到了當時人在宋國的孟子。滕國很小，楚國很大，而且滕國的地理位置又離楚國很近。了解了這樣的基本條件，我們就知道滕國的世子去楚國，不外兩種原因，一是去向楚示好，更嚴重的，二是要去楚國為質，換取楚國對滕國的信任。如此我們也就能想像見到孟子時，這位滕國世子的心情。

和滕世子會面時，孟子對他說明了「性善」的道理，而且開口閉口話題都離不開堯和舜。這是談話的兩項重點。

「世子自楚反，復見孟子。孟子曰：『世子疑吾言乎？夫道一而已矣。成覸謂齊景公曰：「彼，丈夫也；我，丈夫也。吾何畏彼哉？」顏淵曰：「舜何人也，予何人也，有為者亦若是。」公明儀曰：「文王，我師也，周公豈欺我哉？」』……」

滕世子從楚國要回到滕，路上又再去見孟子。用一點想像力，我們就明白這時他的心情應該和前往楚的時候，很不一樣。能夠從楚那樣既強且霸的大國保全性命離開，等於是虎口餘生，必定會有另一番感觸。見了面，孟子說的是：「世子，你懷疑我所說的話嗎？」為什麼如此說？因為孟子知道，滕世子又來找他，不是來感謝孟子給他的建議、教誨，而是心中有懷疑有困惑。

滕世子懷疑什麼，無法真正接受、相信的是什麼？是上次見面時孟子口口聲聲說的「堯、舜」。堯、舜是上古的理想聖君，滕是那麼小的國，連對楚都得小心翼翼伺候著，發生問題必須戰戰兢兢把自己的世子送到楚國去討好人家，孟子幹嘛跟這樣一個小國的未來國君夸夸其言談堯、舜呢？

孟子明白滕世子的疑惑，明白地給了他三個人的說法，作為證明。第一個是齊國的勇士，角力高手成覸。齊景公曾經問成覸：「跟人家角力相鬥時，你不會害怕嗎？」成覸的回答是：「我的對手是個男子，我也是個男子，我有什麼好怕的呢？」意思是，人與人之間的對抗，又不是人與猛獸、更不是人與神的爭戰，那就沒什麼好怕的了。

同樣的邏輯，也出現在顏淵的態度上。他說：「舜是人，我也是人，不是別的，所以要有所為，就應該作得像舜那樣。」成覸講的是人與人在搏鬥的力氣、技巧上不會有無法超越的差異，顏淵看的，則是在道德與政治行為上，人與人之間也不會有無法超越的差異。舜是個人，他能作得到的，同樣作為人的我，沒有理由做不到，不能給自己藉口認為一定做不到。

還有公明儀。他說：「我認同文王，我要效法文王，難道我會不如周公嗎？」周公是文王的兒子，成就和文王幾乎一樣高，但文王的言行德性，不必然只有他兒子才能學、才能仿效。公明儀自認在效法文王一事上，他和周公同樣有資格，不需感到自卑。同樣的原則，文王是人、周公是人、公明儀也是人。

三段話，都說同樣兩件事。第一，是人的共通性。聖人也是人，和我們一樣。第二，一旦確立了人的共通性，就可以有、也應該有一份志氣，不拿高高在上的崇拜眼光看堯、舜，而是想：那我也要勉力來做堯舜事業。做不到堯舜事業，對不起自己和堯舜的共通性條件。

如此也就解釋了前面說的「孟子道性善，言必稱堯舜」。「性善」，指的就是每個人內在都有的，和堯舜同樣的善性，所以這是相連的一件事，不是分別的兩件事。滕世子要去楚國之前，心中充滿對於楚大滕小現實狀況的感慨，沒想到孟子卻將現實擺在一邊，給他堯舜事業的高蹈目標。從楚國出來後，滕世子非得再來找孟子，確定自己沒有會錯意，沒有聽錯孟子對他的鼓勵與期許。

孟子很願意講得明明白白：「『**今滕，絕長補短，將五十里也，猶可以為善國。《書》曰：「若藥不瞑眩，厥疾不瘳。」**』」滕國，在地理上截長補短，差不多等於五十里見方那麼大。意思是「號稱五十里」，真小，比孟子對梁惠王說的「地方百里而可以王」最低標準，還要小二分之一。孟子很明瞭滕國的大小，知道滕國不是齊國、不是梁國、不是楚國，他沒有弄錯，沒有把滕世子認作哪個大國國君，才鼓勵他效法堯舜。不，就連像滕國那麼小，都可以推行堯舜事業，行善政。

「善政」，聯繫從「性善」而來。孟子「道性善」，相信人的本性是好的，這是論理上邏輯的必要。行善政，建立一個良善的社會，憑什麼？憑藉每個人內在共通對於「善」的評斷，以及對於「善」的想望。我們對於美好的事物，會有同樣美好的感受，同樣美好的期待，這就是「性善」的證明。在享受「善」、追求「善」上面，人表現了最普遍也最強烈的共通性。如此我們就知道該如何處理公共事務，那就是實現人人心中認可、欣賞、期待的「善」，如此必能得到響應與支持。

孟子知道滕文公懷疑：我的國那麼小，做得來嗎？我的國那麼小，經得起嗎？就用《尚書・說命》中的句子安慰他：「藥吃下去了不會讓人頭暈的，就不是能治好病的藥。」別擔心追求善政中經歷的震撼、動盪，那反而是顯示國政走上正軌的表徵。

面對問題、面對病痛，孟子特別反對一種消極的態度——「我都病成這樣了，還能怎樣？」病得重，有時成了我們繼續病下去的藉口。病得太久、病得太重，人就失去了健康起來的志氣。老是看到自己多小、多弱，也就容易原諒自己不再努力變大、變強。顯然滕世子也有如此退縮、消極的心態：國那麼小，勉強能在大國之間苟延殘喘存活就很了不起了，要有什麼作為，搞不好就把自己折騰得死得更快？孟子阻止他繼續如此退縮、擔憂。

《孟子・離婁上》中有一段話說：「**今之欲王者，猶七年之病求三年之艾也。苟為不畜，終生不得。苟不志於仁，終身憂辱，以陷於死亡。**」已經病了七年，若要治這個病，必須有長了三年的特殊藥草。正因為病了很久，就覺得自己一定沒辦法再等三年，於是要麼就亂投其他無效的藥，要麼就到處想找現成已有的「三年之艾」。這樣不會是真正治病的辦法，要把病治好，不管你已經病了多久、病得多嚴重，都應靜下心來，今天把藥草種下去，等那該等的三年。

你會說：「我都已經病了七年，哪有時間再等三年？」這是會真正害死你的藉口。回頭推，如果你願意有耐心用對的方法去治病，所需要的不過就是三年時間。三年前你覺悟了耐心種「三年之艾」，今天你的病不就已經得治了嗎？那為什麼你今天還帶著「七年之病」在身上呢？不就是因為三年前你的態度是：「我都已經病了四年，哪有時間再等三年？」不願意等三年，不願意下定決心走對的路來扭轉錯誤，不管是個人或社會，只會愈變愈糟糕。

《孟子·離婁上》還有另一段話：「**自暴者，不可與有言也；自棄者，不可以與有為也。言非禮義，謂之自暴也；吾身不能居仁由義，謂之自棄也。**」這就是成語「自暴自棄」的來源。對孟子而言，「自暴」是不相信禮義、反對禮義，「自棄」則是不相信自己有能力依照仁義原則處世行事。這種人沒有志氣，也就不會有重回健康生活的機會了。

第三章　暗夜裡的火炬

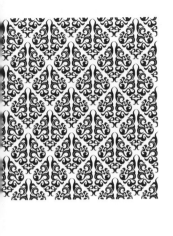

分工是文明社會的常態

接下來看看孟子如何反駁「農家」的主張。戰國的「百家」中，有「農家」，不過因為「農家」並沒有留下什麼具體、直接的言論史料，所以只能從其他間接記載上來理解。《孟子》這篇文字，雖然是從反對的立場出發，還是大有助於我們復原「農家」的面貌，同時也就能夠明白為什麼「農家」沒有留下第一手的思想記錄。

「有為神農之言者許行，自楚之滕，踵門而告文公曰：『遠方之人，聞君行仁政，願受一廛而為氓。』文公與之處。……」有遵奉神農學說的人，叫許行的，從楚國來到滕國，登門拜謁滕文公說：「我從遠方來，聽說您實行仁政，很願意在這裡獲得一個簡單的居所，成為您的人民。」滕文公就給了他住的地方。孟子「言必稱堯舜」，許行顯然就是「言必稱神農」，這都是戰國的思想與言談習慣，有意見有主張，不會說：「我認為如何如何」，一定要說：古代有哪位聖王主張如何如何。遵古崇聖，是重要的言論權威來源。許行依託的權威「神農」，在時間上，比孟子的「堯舜」更古更久遠。

「其徒數十人，皆衣褐，捆屨、織席以為食。陳良之徒陳相與其弟辛，負耒耜而自宋之滕，曰：『聞君行聖人之政，是亦聖人也，願為聖人氓。』陳相見許行而大悅，盡棄其學而學焉。……」許行不是一個人來的，帶了幾十個徒眾，也已經成家派了。這些徒眾都穿粗麻衣，靠綁草鞋、編草蓆維生。這時另外有陳良的弟子陳相帶著弟弟陳辛，背著農具從宋也來到滕，顯然滕文公有了好士好客之名，因而各方人馬一時都齊聚在此。陳相也對滕文公說：「聽說您在推行聖人之政，能行聖人之政的，也就等於聖人了，我們很樂意能當聖人的人民。」陳相留下來之後，見到了許行，大為悅服，以至於拋棄了自己原來從陳良那裡學得的立場，改投許行門下。

「陳相見孟子，道許行之言曰：『滕君，則誠賢君也，雖然，未聞道也。賢者與民並耕而食，饔飧而治。今也滕有倉廩府庫，則是厲民而以自養也，惡得賢？』……」這時候孟子也在滕國，還有，孟子和陳相原來的老師陳良，同屬儒家。陳良是南方知名的儒者。因為這樣的淵源，陳相也和孟子相見了。一見面，陳相就興奮地轉述新拜的老師許行說的話：「滕文公確實是位賢君，只可惜未曾了解道理。真正的賢君應該和一般平民一起耕種養活自己，親手生火燒飯來治理國家。但現在滕文公沒有自己耕種自己收成，滕國卻有儲存糧食的倉庫、收藏財貨的寶庫，這是剝削人民來供奉他，能算得上真正的『賢』嗎？」

陳相轉述的，就是「農家」的基本主張，一切以農事為本，連國君都回到土地上，自己種自己吃，如此人人自食其力，人人平等，誰都不要奪取別人的生產所得，就天下太平了。陳相覺得這番話太有道理了，他想要用來說服孟子也跟他一樣，不當儒者改投「農家」。還有，滕文公之所以大舉招士，是受到孟子的鼓勵與刺激，陳相希望藉由說服孟子來影響滕文公。

但他找錯人了。孟子聽了，不說好壞、同意不同意，先對陳相問了一連串的問題：「**孟子曰：『許子必種粟而後食乎？』曰：『然。』『許子必織布而後衣乎？』曰：『否，許子衣褐。』『許子冠乎？』曰：『冠。』曰：『奚冠？』曰：『冠素。』曰：『自織之與？』曰：『否，以粟易之。』曰：『許子奚為不自織？』曰：『害於耕。』曰：『許子以釜甑爨，以鐵耕乎？』曰：『然。』『自為之與？』曰：『否，以粟易之。……』**」

好精采一連串步步進逼的快問快答，頭腦清楚的人，讀到一半自然就理解孟子的用意了。

「許先生一定要自己種穀子才吃？不吃別人種的穀子？」「對。」

「許先生一定要自己織布才穿衣服？不穿別人織的衣服？」「不，許先生穿（別人織的）粗麻衣。」

「許先生戴帽子嗎？」「戴。」「戴怎樣的帽子？」「戴白布帽子。」「自己織的？」「不，用穀子去換來的。」「那為什麼不自己織？」「那樣會妨礙他下田耕種，他沒工夫自己織帽子。」

「許先生用陶鍋器具來燒飯，用鐵製工具來耕田嗎？」「用。」「器具、工具是自己作的。」「不，用穀子去換來的。」

「『以粟易械器者，不為厲陶冶；陶冶亦以其械器易粟者，豈為厲農夫哉？且許子何不為陶冶，舍皆取諸宮中而用之？何為紛紛然與百工交易？何許子之不憚煩？』曰：『百工之事，固不可耕且為也。……』」

孟子再換一個方式問：「顯然許先生覺得用穀子去換器具、工具，不算剝削陶匠鐵匠；那麼倒過來陶匠、鐵匠也用他們製造的器具、工具來換穀子，難道就算剝削農夫嗎？」意思是，陶匠、鐵匠也沒有自己耕種，也沒有吃自己種出來的穀子啊！「而且許先生幹嘛不自己作陶、打鐵，所有東西都從自己的屋裡生產來用，為什麼要費工夫和其他人東換西換，他不嫌麻煩嗎？」面對孟子一連串的問題，陳相快要跟不上了，勉強抓住最後一問回答說：「那是因為沒辦法一邊耕種一邊做這些工匠的事啊！」

「『然則治天下獨可耕且為與？有大人之事，有小人之事。且一人之身，而百工之所為備，如必自為而後用之，是率天下而路也。故曰：「或勞心，或勞力。勞心者治人，勞力者治於人；治於人者食人，治人者食於人。」天下之通義也。……』」

到此陳相邏輯的矛盾很清楚了，孟子再問：「那麼卻獨獨只有治理國家天下這件事，可以一邊耕種一邊做？你不知道不同地位的人，有不同的工作嗎？」孟子提示了分工合作的社會原則，「我們一個人身上所需的，要靠眾多不同工匠才有辦法齊備，如果每一樣東西都要自己作，那只會讓所有人都疲於奔命，絕對忙不過來。所以有句話說：『有人勞心，有人勞力。勞心的領導管理別人，勞力的被別人領導管理；被領導管理的人供給食物，領導管理的人靠人家養活。』這是天下共通的法則。」

百工之間是分工，農人和工匠之間也是分工，除此之外，還有另外一個層次的分工，那就是「勞心者」與「勞力者」之間的分工。許行承認其他分工，卻不理解、不承認「勞心者」與「勞力者」的分工，等於要取消「勞心者」的角色，是最大的問題所在。

許行用穀子交換工匠製品，視之為理所當然，卻看不到「勞心者」和「勞力者」之間，也是一種交換關係。「勞力者」提供勞動所得，換來「勞心者」的管理與照顧，維持他們生產生活所需的秩序。

看孟子的上下文，我們可以明確知道，他所說的「天下之通義」，指的是「勞心者」與「勞力者」之間的分工交換，乃至泛指社會分工組織的基本原則，但這段話卻經常被斷章取義，說成「勞心者治人，勞力者治於人，天下之通義也」，那絕對不是孟子的意思。

堅守夏文明的價值

孟子接著從歷史角度繼續論辯為什麼「勞心者食於人」。「『當堯之時，天下猶未平，洪水橫流，氾濫於天下。草木暢茂，禽獸繁殖，五穀不登，禽獸偪人。獸蹄鳥跡之道交於中國。堯獨憂之，舉舜而敷治焉。……』」孟子仍然是「言必稱堯舜」，而且這段歷史描述，隱隱然針對許行「為神農之言」的背景而來。

「當堯的時代，天下還是一片混亂，洪水肆虐，到處氾濫。草木茂盛亂長，禽獸快速繁殖，數量驚人。在這種狀況下，根本無從有農業，種不出五穀來。而且野獸的活動區域和人類居處相鄰，到處都是獸蹄鳥跡，沒有特別屬於人的文明環境。堯特別感到憂心，提拔了舜來進行整治。」關鍵是「堯獨憂之」，堯的成就與貢獻，在於別人（包括神農）不憂、不知該如何憂之時，是堯率先找了舜來改善這個狀況。

「『舜使益掌火，益烈山澤而焚之，禽獸逃匿。禹疏九河，瀹濟漯而注之海，決汝漢、排淮泗而注之江，然後中國可得而食也。當是時也，禹八年於外，三過其門而不入，雖欲耕，得乎？……』」

「舜就派益掌管火，益用火遍燒山野沼澤，逼著禽獸動物逃開。」用這種方式解決了草木、禽獸阻礙人生活的問題。然後解決洪水的問題。「又有大禹疏通九條河流，引導濟水、漯水灌注入海，挖開汝水、漢水，讓淮河、泗水流入長江。如此中土這塊地區才有辦法發展農業養活人口。那個時候，為了這些疏濬工程，禹八年在外，忙到三次經過自己家門都沒有進去，就算他想要自己耕種，作得到嗎？」顯然，八年間禹沒有自己耕種，他怎麼活下來？當然是有耕種者提供他食物。禹這樣「食於人」，能算是剝削農夫嗎？靠禹這樣辛勤治水，水道通暢，氾濫洪水退去後露出土地可供耕作，要是禹不「食於人」，誰來做這些事，農夫又哪有土地耕種呢？

「『后稷教民稼穡，樹藝五穀，五穀熟而民人育。人之有道也，飽食煖衣，逸居而無教，則近於禽獸。聖人有憂之，使契為司徒，教以人倫，父子有親，君臣有義，夫婦有別，長幼有序，朋友有信。……』」

后稷是儒家傳統中的農業功臣，拿來和許行推崇的神農氏相對。「堯又派了后稷教人民農業種植的方法，長養五穀，五穀熟了，人民就有足夠食物可以繁衍下一代，人口增殖。」但這樣讓人民吃飽了、養兒育女就夠了嗎？當然不是。「人類生活的原則是：吃飽了、穿暖了、住得舒服，若是沒有教導規範，那和動物沒有什麼兩樣，聖人對此又擔憂了，所以再派契當司徒，負責教導人民倫理：父子有親、君臣有義、夫婦有別、長幼有序、朋友有信，不同的關係，有不同的行為準繩。」

「『放勳曰：「勞之來之，匡之直之，輔之翼之，使自得之，又從而振德之。」聖人之憂民如此，而暇耕乎？……』」「放勳」就是堯，他自述對待人民的方式是：「慰勞他們、督促他們、管理他們、矯正他們、輔導他們、幫助他們，讓他們能夠建立自己的生產生活，然後還要再提升他們的品德。」聖人以這種心態來照顧人民、保護人民，會有時間自己下田？

「『**堯以不得舜為己憂，舜以不得禹、皐陶為己憂。夫以百畝之不易為己憂者，農夫也。……**』」「堯的責任多重啊，必須憂慮得不到像舜那樣適當、稱職的人才；舜又何嘗不是如此？他的責任也就包括了要能找到像禹、皐陶那樣適當、稱職的人才。擔心百畝之田耕種收成不好，只需負擔此等責任的，是農夫。」農夫不必擔心那麼多，相較之下，堯舜當然要比農夫辛苦得多了。

「『**分人以財謂之惠，教人以善謂之忠，為天下得人者謂之仁。是故以天下與人易，為天下得人難。孔子曰：「大哉堯之為君，惟天**

為大，惟堯則之，蕩蕩乎民無能名焉。君哉舜也，巍巍乎有天下而不與焉。」堯舜之治天下，豈無所用其心哉？亦不用於耕耳。……』」

「將財富分給別人，叫作『惠』；教人善良正當的行為，叫作『忠』；為天下（而不是為自己）找到適當、稱職的人才，叫作『仁』。」這三項德行，有層次，有不同的難易程度。「惠」相對最簡單，給人直接、眼前的好處；「忠」在中間，給予人較長久且深刻的行為改變；「仁」是最難的，找到對的人創造全面的公共利益。「所以將天下讓給別人，給別人承擔，很容易；將治理天下視為自己的責任，努力為天下找到人才，很難。因而孔子盛讚堯舜：『偉大啊，堯作為一位君主。天最廣大，只有堯能效法天，他的寬闊廣大，是人民無法形容的。舜是個真正的君主啊，統治天下卻沒有一點私心，這種人格太崇高了！』堯舜擔負治理天下的責任，能不用心嗎？他們是自我選擇不將心思用在耕種上。」

說完了道理，批評了陳相頭腦糊塗的部分，孟子忍不住接著點出他行為可議之處：「『**吾聞用夏變夷者，未聞變於夷者也。陳良，楚產也，悅周公、仲尼之道，北學於中國，北方之學者，未能或之先也。彼所謂豪傑之士也。子之兄弟，事之數十年，師死，而遂倍之。……**』」

「夏」與「夷」，在當時指的就是「文明」和「野蠻」的對照。「我聽說過用文明改變周遭蠻夷的事，從來沒聽過文明倒過來被蠻夷改變的。陳良，是南方楚國人，來自靠近蠻夷的地方，他悅慕周公、孔子的主張，特地北上來學習。他學得很好，就連北方中原的學者，都不見得能超越他。這種人，正就是能做非常事業的『豪傑之士』。你們兄弟幾個，跟從了陳良幾十年，竟然老師一死，立刻就背叛他。」陳良是「用夏變夷」的結果，陳相兄弟卻是稀奇倒過來「用夷變夏」的特例。並不是說許行是「夷」，而是許行的學說要推翻聖人的功業，取消文明。

另外「豪傑之士」在《孟子》書中，是有特定意義的。〈盡心篇〉中有：

「孟子曰：『待文王而後興者，凡民也。若夫豪傑之士，雖無文王猶興。』」「豪傑之士」和「凡民」對比，差異在於「凡民」需要人家帶領，自己沒有能力開創風氣；「豪傑之士」則具備突破現實與時代的限制，衝出新局面來。儘管現實條件不利，沒有老師、聖君引導，「豪傑之士」也會自發地朝向好的、對的目標前進。

再進一步說，為什麼會有「豪傑之士」，為什麼會有「雖無文王猶興」的自發能力？因為「性善」。文王所創造的人文秩序，不過就是依隨人內在的善性而來的，這是孟子深植不移的信念。既然如此，當然就有人可以透過內在自我善性的萌發，而得到了和文王同樣的信念。

「『昔者孔子沒，三年之外，門人治任將歸，入揖於子貢，相向而哭，皆失聲，然後歸。子貢反，築室於場，獨居三年，然後歸。他日，子夏、子張、子游以有若似聖人，欲以所事孔子事之，強曾子。曾子曰：「不可。江漢以濯之，秋陽以暴之，皜皜乎不可尚已。」……』」

「當年孔子去世之後，門人為他結廬守喪，雖沒有喪服，但以視孔子為父親的方式守喪三年。三年時間到了，大家收拾收拾，要各自回家去了，但這時子貢還不走，仍然留著，所以去和子貢道別，相對大哭，大家哭到失了嗓音，然後才走。都過了三年，還哭成這樣，就知道他們都是不得已才終止守喪的。師門兄弟們離開了，子貢回頭，在墓地裡另行築室，一個人陪在死去的老師身邊，又三年才回去。」老師去世，孔子弟子是以這種感情在懷念老師的。

還有另外一件事：「過了一陣子，子夏、子張、子游覺得有若長得很像孔子，就想要把有若當老師來侍奉（因為太想念老師，所以找個老師的替身也好），曾子不肯，他們去勉強曾子同意。曾子就說：『絕對不行。在江漢之水中洗過，又在秋日太陽下曬過，那種潔白的程度無以復加。』」曾子用白布來比喻孔子的人格、德行，是無可取代的。那是特殊過程製練而成的，不是任何看起來像白色的布匹就可以等同的。子夏、子張、子游有他們深深懷念老師的感情，曾子也有他對老師摯念不忘的堅持。

人家是這樣，你們陳相兄弟的行為，相較之下太不堪了吧！「『今也南蠻鴃舌之人，非先王之道，子倍子之師而學之，亦異於曾子矣。吾聞出於幽谷遷於喬木者，未聞下喬木而入於幽谷者。〈魯頌〉曰：「戎狄是膺，荊舒是懲。」周公方且膺之，子是之學，亦為不善變矣。……』」

孟子的口氣愈來愈嚴厲了。對也是來自楚的許行，不再稱「許子」了，而說他是「南蠻鴃舌之人」，從南方荒僻地方來，說話像鳥叫一般讓人聽不清楚聽不懂的人。「這種連話都說不好的人，妄自批評非議先王之道，你們兄弟卻背棄自己的老師去跟他學，你們的判斷、作法，和曾子很不一樣啊！」意思是說陳相兄弟根本辨識不出自己老師的價值。

順著「南蠻鴃舌」的比喻，孟子又說：「就算是鳥，也還有判斷好壞的基本能力，會從較差的環境遷徙到較佳的環境，只聽說有鳥從又陰又濕又暗的幽谷裡往上飛到比較高比較亮視野又比較廣遠的喬木上，卻不曾聽過有倒過來，放棄喬木卻飛入幽谷的笨鳥。」再仔細想一下，這段話還和曾子的說法前後相啣。用曾子的話讓我們感受到「秋陽」的光亮與潔白，對應之下，我們就更不能想像「下喬木而入於幽谷」的選擇了。已經體驗了來自孔子人格的光亮、潔白，怎麼會要回到又陰又濕又暗的環境裡呢？

「《詩經．魯頌．閟公》裡的句子說：『打擊戎狄，懲戒荊舒。』周公的態度都是要改變他們、讓他們進於文明，唉，你們還要轉去跟他們學，這實在不是好的改變啊！」

被如此搶白一頓，從許行的「賢者與民並耕而食」理論，到「盡棄其學」的作法，陳相都無從和孟子辯論。他只能用另闢戰場的方式，勉強找出許行的另外一項理論來招架。

「『從許子之道，則市賈不貳，國中無偽，雖使五尺之童適市，莫之或欺。布帛長短同，則賈相若；麻縷絲絮輕重同，則賈相若；五穀多寡同，則賈相若；屨大小同，則賈相若。……』」「如果遵從許先生的主張，那麼大家賣的東西都不會有價格差異，國中不會有人欺詐作假，就算一個小孩去買東西，都沒有人能騙他。」怎樣能做到如此「童叟無欺」？原來許行的主張是：「只要是布，同樣長度就賣同樣價錢。只要是織布用的絲線，無論麻的或絲的，同樣重量就賣同樣價錢。只要是穀子，不管哪一種，同樣數量就賣同樣價錢。鞋子也一樣，同樣尺寸就賣同樣價錢。」

許行要大家都務農之外，還要取消市場，認為有買賣就會有詐騙。但他要讓市場不會詐騙的方式是什麼？是如此粗糙的價格管制。我們幾乎可以聽到孟子帶點輕蔑的嘆息聲。這樣的道理也敢拿來講？這樣的道理陳相竟然也接受？我們都了解這中間不合理之處吧！「『夫物之不齊，物之情也。或相倍蓰，或相什百，或相千萬。子比而同之，是亂天下也。巨屨小屨同賈，人豈為之哉？從許子之道，相率而為偽者也，惡能治國家？』」

孟子回答：「物品本來就有不同的價值，那是物品的本性，而不是從交易來的。物品的價值有的差幾倍，有的差到十倍、百倍，甚至千倍、萬倍，你竟然要泯除這些差異，通通等同起來，那會讓天下大亂的。你明明知道：如果大鞋和小鞋賣一樣價錢，就沒有人要作大鞋，所以要按尺寸來定價。（許行要泯滅差別，那為什麼保留大小差別？既然不能取消大小差別，又怎麼能不顧精粗好壞的差別呢？精細的和粗糙的賣同樣價錢，誰還生產精細的呢？好的和壞的賣同樣價錢，誰還生產好的呢？）照許先生這種主張去做，非但不會沒有欺詐，反而鼓勵人們造假騙人，怎能治理國家呢？」

戰國思想的通病——各有所偏

除了反駁「農家」，孟子也反駁楊朱和墨子的主張。〈盡心上〉：「**孟子曰：『楊子取為我，拔一毛而利天下，不為也。墨子兼愛，摩頂放踵利天下，為之。子莫執中，執中為近之。執中無權，猶執一也。所惡執一者，為其賊道也，舉一而廢百也。』**」

「楊朱主張自私最好，就算只損失身上的一根毛以便帶來公共利益，都不做。每個人都替自己著想，保護自己的利益，徹底取消了公共事務，天下就太平了。相反地，墨子主張人去除自我，用愛自己的方式去愛別人，只要能創造公共利益，就算會磨禿了頭、走傷了腳，都一定要去做。將自己和他人一視同仁對待，也就是徹底取消了私人考量，那麼天下就太平了。

楊朱和墨子剛好是兩邊的極端，而魯國的子莫則主張『執中』，採取中間路線，不偏任何一邊。『執中』比極端要接近道理。不過如果堅持『執中』，不管任何情況都一定堅持『執中』的立場，不能變通，那也還是固執，等於一種極端，只有一個答案，不准有所權衡變通。我所反對的，就是固執一個答案，沒有權衡變通，那是破壞正常道理的作法，固執選擇一點，而廢棄了其他多元的可能性。」

從這段話，我們清楚看出：孟子絕對不是個教條主義者，他痛恨基本教義派。任何原則，即便是「中」，如果變成了教條，不能有所變通，那就一定不會是對的。「道」是有彈性，能夠應付各種不同情況，也就需要靠智慧多方考量來運用的。從這個角度，我們可以找到孟子「予豈好辯哉，予不得已也」的另外一個深沉、根本的理由：人事的是非，不是將原理一、二、三、四……靜態陳列出來就解決解答了，必須要有動態的權衡考慮，「辯」就是動態地蒐集、衡量不同因素尋找最適答案的過程，不辯，無法呈現道理的動態、多元面貌。

這個世界太豐富、太複雜，沒有辦法用「一」來涵蓋統納。孟子不要、不相信找到一條簡單法則便一勞永逸的偷懶論理，楊朱、墨子都堅持一個極端作為真理，然而即便是子莫，表面上看不走極端，採取中道，但一旦他將「中」無限上綱為唯一真理，凌駕於萬千現象之上，那也是另一種不顧現實的偷懶態度。

孟子敏銳地點出了戰國思想的共同毛病。號稱「百家」的戰國思想，各家主張各異，然而每家幾乎都有所「執一」，突出一條原則作為解決問題的萬靈丹。一來是局勢實在太亂，戰爭殺伐帶來太大痛苦，人心企求有效解脫的方法，沒有耐心聽複雜的分析；二來，各種思想彼此激烈競爭，要吸引國君和人民的注意，很自然地採取了誇大重點、強調特效的策略。

許行誇大耕種的重要性，楊朱誇大自我保護的重要性，墨子誇大替別人著想的重要性……但簡單有力的說法，不等於真的有用、有效果。相反地，簡單、有力，必然背離人事的現實。人沒那麼簡單，人與人組成的社會沒那麼簡單；人與人之間發生的衝突，沒有那麼簡單。

孟子的態度，標舉出儒家以及儒家所承襲的西周「王官學」最核心的價值。那是一套聯繫各種人間情感、多元分辨處理人際關係的完整價值，試圖照顧到人的多層次需求，而不是要將多元多層次的人的存在事實化約為幾個抽象的原理。

楊朱極端而且「執一」，墨子極端而且「執一」，他們那種過度簡化的論理，一廂情願刻畫出奉行其固執原則會帶來的好結果，對孟子而言，都經不起「辯」的邏輯考驗。就連子莫，如果要將「中」化成唯一的選擇，而不是一種彈性權衡的智慧，那麼從論理上，孟子敏感地指出，「中」也就成了「執一」，也同樣通不過考驗。

為什麼必須「辯」？因為「辯」最能讓人察覺現實之錯綜複雜，找出

「執一」不能處理、不能解決的千瘡百孔漏洞來。

直接命中墨者的謬誤

再回到《孟子．滕文公上》，接在孟子駁許行的記錄之後：「**墨者夷之因徐辟而求見孟子。孟子曰：『吾固願見，今吾尚病，病癒，我且往見，夷子不來。……』**」有一位信奉墨家的人，叫作夷之，請託孟子弟子徐辟轉達來見孟子的請求。孟子說：「我很願意見他，只是我現在身上有病，病好了，我會過去找他，不用他來見我。」孟子很願意和抱持不同意見的人見面，因為他內在有強烈的「辯」——透過論理來說服——的衝動，也有「辯」的充分自信。

「他日，又求見孟子。孟子曰：『吾今則可以見矣。不直，則道不見，我且直之。吾聞夷子墨者，墨之治喪也，以薄為其道也，夷子思以易天下，豈以為非是而不貴也？然而夷子葬其親厚，則是以所賤事親也。……』」

但過了幾天，夷之又提說要過來見孟子。孟子對中間傳話的徐辟說：「好吧，雖然病還沒全好，我現在可以見他。（只是既然他那麼急，就得接受一項條件。）有一件事情我要直說批評他，希望他有所解釋。我聽說夷之是個『墨者』，墨家是相信『薄喪』，反對給予親人隆重豐厚的喪禮葬禮。夷之信奉墨家，期待要以墨家的原則來改造社會，但他卻厚葬父母親，那豈不是以自己鄙薄、反對的方式來侍奉父母了嗎？（如果真的相信厚葬是錯的，卻厚葬父母，這樣對得起父母嗎？）」

「**徐子以告夷子。夷子曰：『儒者之道，古之人「若保赤子」，此言何謂也？之則以為愛無差等，施由親始。……』**」徐辟將孟子的批評、質疑轉達給夷之，夷之的回答是：「像孟子這樣的儒家一定相信《尚書．康誥》裡說的『若保赤子』，這話是什麼意思呢？我的理解是要用愛護、照顧自己家嬰兒的方式來愛護、照顧人民，也就是對於親人和他人的愛，沒有差別，只是先從愛自己的親人做起而已。」

墨者夷之也懂雄辯之道。他的「辯」，一來是避開、不正面解釋孟子批評他行為與信仰間明顯的矛盾，二來是刻意引用了儒家尊崇的「王官學」經典《尚書》來辯護「愛無差等」的「兼愛」主張。對待親人，和對待他人都一樣，只不過親人離我們比較近，因而我們會將這份「兼愛」的「愛」先施加在親人身上，但我們如何對待親人，儒家尊崇的典籍都主張，就改用同樣方式對待所有的人。也就是我們對親人好，只不過是現實條件影響下的時間先後，不具有道理上倚輕倚重的原則差別。

「**徐子以告孟子。孟子曰：『夫夷子信以為人之親其兄之子，為若親其鄰之赤子乎？彼有取爾也。……』**」徐辟將夷之的回應再轉告孟子，孟子立刻察覺了夷之沒有解釋關鍵的問題，沒有做到他要求的條件，因而也就不接受夷之的求見。如果你沒有誠意、沒有自信來徹底地討論問題，那還不如不見。「予豈好辯哉，予不得已也」，孟子的「辯」，是「不得已」的，是為了傳達他相信的真理，所以不願意「為辯而辯」，光是逞口舌之快，沒有意義。所以他對徐辟說的話，一開頭就批評夷之的這種態度：「夷之真的相信一般人會用愛姪子的同樣方式愛鄰居家的嬰孩嗎？他只是拿『若保赤子』這句話來當有用的辯論話頭罷了。」

「『赤子匍匐將入井，非赤子之罪也。且天之生物也，使之一本，而夷子二本故也。蓋上世嘗有不葬其親者，其親死，則舉而委之於壑。他日過之，狐狸食之，蠅蚋姑嘬之。其顙有泚，睨而不視。夫泚也，非為人泚，中心達於面目，蓋歸返虆梩而掩之。掩之誠是也，則孝子

仁人之掩其親，亦必有道矣。……』」

孟子接著解釋「如保赤子」的真義。我們看到一個幼兒爬啊爬，爬得太靠近井口，再多爬幾步就會掉入井裡，他沒有罪，純粹出於幼稚無知而面臨這種生死的危險，任何人都會生出救他的急難之心，不會去管這小孩是誰，跟自己的關係是什麼。《尚書．康誥》中「如保赤子」是這個意思，訓誡君王要用不讓無罪之人受苦面臨危險的心情，看待人民，哪是像夷之以為的那樣呢？

然後，孟子回到夷之躲避了的議題：「我批評夷之的，是他有雙重標準。天生萬物，讓萬物都遵循統一的一套道理，但夷之的態度卻不一致，對待親人和對待別人，兩套不一樣。對待父母，行厚葬；對待別人，卻主張薄葬。兩套標準只有一套是對的。」

到底厚葬對還是薄葬對？作為儒家傳人，孟子依照孔子的思考方式，回到「禮」的本源，回到人的自然感情反應上評斷：「古代（文明誕生之前）有人不懂或不行葬禮的，父母死了，就將屍體丟在溝裡。幾天後經過那裡，發現父母的屍體被狐狸啃食了，上面爬滿了蒼蠅小蟲群聚噛咬。突然之間，他額頭上冒出汗來，只敢用眼角偷瞄，不敢正視。額頭出汗，不是為了給別人看，而是從中心內在發出的自然感情，直接表現在臉上。於是他就回家拿了鋤頭等工具將父母的屍體埋了。埋了才是對的。孝子仁人好好埋葬親人，是有道理的。」

埋葬親人不只是遵循既有的禮儀。因而儘管主張「薄葬」，遇到父母死了，夷之內心還是會有自然的強烈衝動，要給父母像樣的葬禮，這不就說明了墨家主張「薄葬」是違背人情的嗎？就像主張人應該用同樣方式看待自己的小孩、兄弟的小孩、鄰人的小孩的「兼愛」，同樣違背人情。

「徐子以告夷子。夷子憮然為間，曰：『命之矣。』」徐辟又將這段話轉告了夷之。夷之聽了好一陣子沉默低抑，然後才說：「命中了啊！」關於夷之的感慨「命之矣」有兩種解釋，一種將「命」視為「命令」之「命」，那麼意思是「受教了」；另一種則是將「命」視為「命中」的「命」，那意思就比較複雜些，指的既是孟子抓住了夷之想要逃避的行為矛盾重點，如同打獵時命中逃走的獵物一般；也是孟子準確地說中了夷之為何違背信念厚葬父母的道理。

依照前面「夷子憮然為間」的形容來看，應該是「命中了」比較接近原意。夷之沒有辦法辯護自己矛盾的行為，也沒有能力具體解釋自己矛盾行為的動機，卻連孟子的面都未曾見到，就被孟子準確說中了，難怪他聽了會一時沉默，半晌講不出話來。

由本心推擴而出的偉大哲學

《孟子・盡心上》第一則：「**孟子曰：『盡其心者知其性也。知其**

性，則知天矣。存其心，養其性，所以事天也。殀壽不貳，修身以俟之，所以立命也。』」

這一小段話，集中提到了好幾個孟子思想中的關鍵字。一個是「心」，一個是「性」，一個是「天」，還有一個是「命」。讓我們分別考察孟子對這幾個字的看法、解釋，再來討論這段話的意思。

《孟子．盡心上》另有一則說：「**孟子曰：『莫非命也，順受其正。是故知命者不立乎巖牆之下。盡其道而死者，正命也；桎梏死者，非正命也。』**」「命」是什麼？就是人的遭遇。不管你是什麼樣的人，有什麼身分、什麼本事、什麼人格，總有你無法控制的遭遇，那就是「命」。因而我們看待「命」的基本態度，應該是「順受其正」，雖然無法違逆你的

「命」，但可以運用智慧小心行為盡量避免壞的遭遇。所以了解「命」，知道該如何對待「命」的人，會避免站在傾斜的高牆之下，因為牆倒下來發生災難的機會很大。努力實踐了如此原則的人，死了也還是「正命」。若是不運用智慧盡量避難，讓自己犯罪受刑而死的，那就不是「正命」了。

還有一則：「**孟子曰：『求則得之，舍則失之，是求有益於得也，求在我者也。求之有道，得之有命，是求無益於得也，求在外者也。』**」孟子告誡我們要清楚分辨，人生有兩種不同的情況。一種是求了、努力了會得到，不求不努力就得不到，那是「求」可以有助於「得」，「求」可以換來「得」。但還有另外一種，求有求的方法，但求了卻不必然就能得，得或不得，是由「命」——非主觀的其他條件因素，你無法掌握的遭遇——

來決定的，「求」無助於「得」，「求」和「得」之間沒有因果聯繫，「求」在「得」之外。前者可以用主觀意志來控制，後者不行。對於由「命」決定、不能強求的事，我們應該要以不同的眼光來看待。

《孟子．盡心下》有一段話區分「性」和「命」：「**孟子曰：『口之於味也，目之於色也，耳之於聲也，鼻之於臭也，四肢之於安佚也，性也，有命焉，君子不謂性也……』**」「性」原本指的是天生、天賦條件，所以五官的感受——味覺、視覺、聽覺、嗅覺以及肢體的舒適或勞累——依照定義，應該是「性」，上天加諸於人的，然而這種初級的五官感受，吃到什麼、看到什麼、聽到什麼、聞到什麼、感覺到怎樣的舒適，有賴於外界的條件，不是自己能掌握、操控的，因而儘管感官在你身上，卻不該認定這就是你自身具備，應有的。這方面，只有一半，接受方是你的，刺激方卻由不得你，而是取決於「命」——偶然、非主觀能安排的遭遇——所以說：「有命焉，君子不謂性也。」

相反地，「『仁之於父子也，義之於君臣也，禮之於賓主也，智之於賢者也，聖人之於天道也，命也，有性焉，君子不謂命也。』」父子之間應該有「仁」，君臣之間應該有「義」，賓主之間應該以禮相待，賢者應該發揮智慧，聖人應該符合行天道，這幾件事，都是「應該」，就意味著受限於具體、個別遭遇，不見得能實現，屬於「命」所左右的。然而，為什麼應該如此，背後有基本人性的必然，父子間有「仁」符合父子之性，君臣間有「義」符合君臣關係的本質，賓主之間有「禮」讓賓主都最舒服，賢者能發揮智慧對社會最有利，聖人行天道能帶來最理想的結果，這些原則上的必然不受任何外在遭遇影響而改變，所以倒過來，不特別強調其受限的情況。「有性焉，君子不謂命也。」

對照起來，我們了解孟子的看法。關於五官的享受，受限於外在刺激與現實條件，是那種求了不見得求得到的事，因而「命」的成分高於「性」，我們不需、不應該耗費太大心力在這上面。關於仁、義、禮、智，雖然我們沒有把握其一定能落實，但其內在有不受外在條件控制的基本部分——那就是自然的道理，有自然的力量將人往實現仁、義、禮、智的對的方向拉，所以不必去在意外在條件，順從內在的「性」，努力去做就是了。

如此回頭讀前面那段話，就比較容易明白了。「**盡其心者知其性也。**

知其性，則知天矣。」「心」指的是感受、情感，「盡其心」或「盡心」則是將自身的感受、情感予以普遍化，想像、知覺別人也會有同樣的感受、情感，在意義上接近孔子所說的「恕」，或是「推己及人」的「推」。

一個人能夠「盡心」，能夠藉由自己的感受、情感擴大知覺、理解其他人，窮盡了人我感受、情感的呼應，在這過程中，他就明白了什麼是「性」——人的本性，人的共同天賦條件。我們如何了解自己？一種方式就是透過「推」，找出了我和別人的共同感受、情感，察知了人之所以為人的根本，那就是「人性」，那也就是我的「性」。

《孟子．盡心上》另外一則中，「**孟子曰：『萬物皆備於我矣。反身而誠，樂莫大焉。強恕而行，求仁莫近焉。』**」「反身而誠」，不自欺，找到自己最真實的感受、情感，那是再快樂不過的事。如何「反身而誠」，同樣《孟子．盡心上》有這樣的說明：「**孟子曰：『無為其所不為，無欲其所不欲，如此而已矣。』**」不要去做你直覺上不會想做、不覺得應該做的事；不要去追求你直覺上不要、認為不該要的東西。相信自己內在的是非、善惡、好壞判斷，找回沒有被其他因素改變之前的初衷判斷，那就是「反身而誠」，如此而已，簡單得很。

「萬物皆備於我」，意思是能夠準確理解、判斷所有事物原則道理的能力，早已齊備在我身上，不假外求。外來的指導、誘惑，反而讓人偏離本心。因而人之大樂，是回返本心，也就是平常語言中說的「心安理得」，你的行事和自己內在直覺的應然判斷合而為一，沒有鬼祟、猶疑、愧疚、不安，那當然就「樂」。若要更進一步落到方法上來看，那就是「強恕」，自覺地讓自己努力去體會、體貼別人的感受，具備同理心，那麼你要說的話、要做的事自然就不會傷害別人，給別人帶來痛苦，如此所言所行必定「心安理得」，那也就是最容易可以「求仁」的途徑。

透過「盡心」理解了「性」，他也就同時明白了「天」——什麼是我內在固有的，又有什麼是後來由外刺激影響加進來的。分辨清楚了原有、本有的，與外加而混淆、遮蔽了本有的，那麼我們就：「**存其心，養其性，所以事天也。殀壽不貳，修身以俟之，所以立命也。**」存養內在真實的感覺與性情，是呼應、回報「天」最好的方式。不必去想，不必在意自己能活多久，活得短活得長都沒差別，不影響我們看待生命、過日子生活的決定，持續以「存其心，養其性」的方式修身，那是對待「命」最好、最有建設性的態度。也就是說不去憂慮「求無異於得也」的事，專注於掌握「求有益於得」的事，充實自己的生命，不管偶然遭遇帶來什麼，都能好好應對。

什麼是可求的、什麼是不可求的，想清楚、分清楚。什麼是我的、真實的、內在的，什麼不是我的，來自於外在混淆錯亂，也要想清楚、分清楚。從相信每個人內在都具備判斷是非、善惡、好壞出發，孟子建立了這樣一套處世原則，並發展了因應的政治哲學，步步推論，環環相扣，邏輯嚴謹且明確，真是了不起的思想成就。

附錄

《孟子》選摘

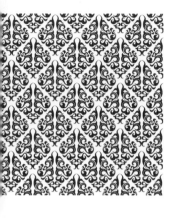

〈梁惠王・上〉

一

孟子見梁惠王。王曰：「叟！不遠千里而來，亦將有以利吾國乎？」孟子對曰：「王何必曰利，亦有仁義而已矣。王曰：『何以利吾國？』大夫曰：『何以利吾家？』士庶人曰：『何以利吾身？』上下交征利，而國危矣。萬乘之國，弒其君者，必千乘之家；千乘之國，弒其君者，必百乘之家。萬取千焉，千取百焉，不為不多矣。苟為後義而先利，不奪不饜。未有仁而遺其親者也，未有義而後其君者也。王亦曰仁義而已矣，何必曰利？」

二

孟子見梁惠王，王立於沼上，顧鴻雁麋鹿，曰：「賢者亦樂此乎？」

孟子對曰：「賢者而後樂此，不賢者雖有此不樂也。《詩》云：『經始靈臺，經之營之，庶民攻之，不日成之。經始勿亟，庶民子來。王在靈囿，麀鹿攸伏，麀鹿濯濯，白鳥鶴鶴。王在靈沼，於物魚躍。』文王以民力為臺為沼，而民歡樂之；謂其臺曰靈臺，謂其沼曰靈沼，樂其有麋鹿魚鱉。古之人與民偕樂，故能樂也。〈湯誓〉曰：『時日害喪，予及女皆亡。』民欲與之偕亡，雖有台池鳥獸，豈能獨樂哉？」

三

梁惠王曰：「寡人之於國也，盡心焉耳矣。河內凶，則移其民於河東，移其粟於河內。河東凶亦然。察鄰國之政，無如寡人之用心者。鄰國之民不加少，寡人之民不加多，何也？」

孟子對曰：「王好戰，請以戰喻。填然鼓之，兵刃既接，棄甲曳兵而走。或百步而後止，或五十步而後止；以五十步笑百步，則何如？」

曰：「不可。直不百步耳，是亦走也。」

曰：「王如知此，則無望民之多於鄰國也。不違農時，穀不可勝食也；數罟不入洿池，魚鼈不可勝食也；斧斤以時入山林，材木不可勝用也。穀與魚鼈不可勝食，材木不可勝用，是使民養生喪死無憾也。養生喪死無憾，王道之始也。五畝之宅，樹之以桑，五十者可以衣帛矣；雞豚狗彘之畜，無失其時，七十者可以食肉矣；百畝之田，勿奪其時，數口之家可以無饑矣。謹庠序之教，申之以孝悌之義，頒白者不負戴於道路矣。七十者衣帛食肉，黎民不饑不寒，然而不王者，未之有也。狗彘食人食而不知檢，塗有餓莩而不知發，人死，則曰：『非我也，歲也。』是何異於刺人而殺之，曰：『非我也，兵也。』王無罪歲，斯天下之民至焉。」

四

梁惠王曰：「寡人願安承教。」

孟子曰：「殺人以梃與刃，有以異乎？」

曰：「無以異也。」

「以刃與政，有以異乎？」

曰：「無以異也。」

曰：「庖有肥肉，廄有肥馬，民有饑色，野有餓莩，此率獸而食人也。獸相食，且人惡之，為民父母行政，不免於率獸而食人。惡在其為民父母也？仲尼曰：『始作俑者，其無後乎！』為其象人而用之也。如之何其使斯民饑而死也？」

五

梁惠王曰：「晉國，天下莫強焉，叟之所知也。及寡人之身，東敗於齊，長子死焉；西喪地於秦七百里；南辱於楚。寡人恥之，願比死者一洒之，如之何則可？」

孟子對曰：「地方百里而可以王。王如施仁政於民，省刑罰，薄稅斂，深耕易耨。壯者以暇日修其孝悌忠信，入以事其父兄，出以事其長上，可使制梃以撻秦楚之堅甲利兵矣。彼奪其民時，使不得耕耨以養其父母，父母凍餓，兄弟妻子離散。彼陷溺其民，王往而征之，夫誰與王敵？故曰：『仁者無敵。』王請勿疑。」

六

孟子見梁襄王。出語人曰：「望之不似人君，就之而不見所畏焉。卒然問曰：『天下惡乎定？』吾對曰：『定於一。』

『孰能一之？』對曰：『不嗜殺人者能一之。』

『孰能與之？』對曰：『天下莫不與也。王知夫苗乎？七八月之間旱，則苗槁矣。天油然作雲，沛然下雨，則苗浡然興之矣。其如是，孰能禦之？今夫天下之人牧，未有不嗜殺人者也。如有不嗜殺人者，則天下之民皆引領而望之矣。誠如是也，民歸之，猶水之就下，沛然誰能禦之？』」

七

齊宣王問曰：「齊桓、晉文之事可得聞乎？」

孟子對曰：「仲尼之徒，無道桓文之事者，是以後世無傳焉；臣未之聞也。無以，則王乎？」

曰：「德何如則可以王矣？」曰：「保民而王，莫之能禦也。」

曰：「若寡人者，可以保民乎哉？」曰：「可。」

曰：「何由知吾可也？」曰：「臣聞之胡齕曰，王坐於堂上，有牽牛而過堂下者，王見之，曰：『牛何之？』對曰：『將以釁鐘。』王曰：『舍之。吾不忍其觳觫，若無罪而就死地。』對曰：『然則廢釁鐘與？』曰：『何可廢也？以羊易之！』不識有諸？」

曰：「有之。」曰：「是心足以王矣。百姓皆以王為愛也。臣固知王之不忍也。」

王曰：「然；誠有百姓者。齊國雖褊小，吾何愛一牛？即不忍其觳觫，若無罪而就死地，故以羊易之也。」曰：「王無異於百姓之以王為愛也，以小易大，彼惡知之？王若隱其無罪而就死地，則牛羊何擇焉？」

王笑曰：「是誠何心哉？我非愛其財而易之以羊也。宜乎百姓之謂我愛也。」曰：「無傷也，是乃仁術也，見牛未見羊也。君子之於禽獸也，見其生，不忍見其死；聞其聲，不忍食其肉。是以君子遠庖廚也。」

王說曰：「《詩》云：『他人有心，予忖度之。』夫子之謂也。夫我乃行之，反而求之，不得吾心。夫子言之，於我心有戚戚焉。此心之所以合於王者，何也？」曰：「有復於王者曰：『吾力足以舉百鈞，而不足以舉一羽；明足以察秋毫之末，而不見輿薪。』則王許之乎？」曰：「否。」

「今恩足以及禽獸，而功不至於百姓者，獨何與？然則一羽之不舉，為不用力焉；輿薪之不見，為不用明焉；百姓之不見保，為不用恩焉。故王之不王，不為也，非不能也。」

曰：「不為者與不能者之行何以異？」曰：「挾太山以超北海，語人曰：『我不能。』是誠不能也。為長者折枝，語人曰：『我不能。』是不為也，非不能也。故王之不王，非挾太山以超北海之類也；王之不王，是折枝之類也。老吾老，以及人之老；幼吾幼，以及人之幼，天下可運於掌。《詩》云：『刑於寡妻，至於兄弟，以御於家邦。』言舉斯心加諸彼而已。故推恩足以保四海，不推恩無以保妻子。古之人所以大過人者，無他焉，善推其所為而已矣。今恩足以及禽獸，而功不至於百姓者，獨何與？權，然後知輕重；度，然後知長短。物皆然，心為甚。王請度之。」

「抑王興甲兵，危士臣，構怨於諸侯，然後快於心與？」

王曰：「否！吾何快於是？將以求吾所大欲也。」

曰：「王之所大欲，可得聞與？」王笑而不言。

曰：「為肥甘不足於口與，輕煖不足於體與？抑為采色不足視於目與？聲音不足聽於耳與？便嬖不足使令於前與？王之諸臣，皆足以供之，而王豈為是哉？」曰：「否！吾不為是也。」

曰：「然則王之大欲可知已，欲闢土地，朝秦楚，莅中國而撫四夷也。以若所為，求若所欲，猶緣木而求魚也。」

王曰：「若是其甚與？」曰：「殆有甚焉。緣木求魚，雖不得魚，無後災。以若所為，求若所欲，盡心力而為之，後必有災。」

曰：「可得聞與？」曰：「鄒人與楚人戰，則王以為孰勝？」曰：「楚人勝。」曰：「然則小固不可以敵大，寡固不可以敵眾，弱固不可以敵強。海內之地，方千里者九，齊集有其一，以一服八，何以異於鄒敵楚哉？」

「蓋亦反其本矣。今王發政施仁，使天下仕者皆欲立於王之朝，耕者皆欲耕於王之野，商賈皆欲藏於王之市，行旅皆欲出於王之塗，天下之欲疾其君者，皆欲赴愬於王。其若是，孰能禦之？」

王曰：「吾惛，不能進於是矣。願夫子輔吾志，明以教我。我雖不敏，請嘗試之。」

曰：「無恆產而有恆心者，惟士為能。若民，則無恆產，因無恆心。苟無恆心，放辟邪侈，無不為已。及陷於罪，然後從而刑之，是罔民也。焉有仁人在位，罔民而可為也？是故明君制民之產，必使仰足以事父母，俯足以畜妻子，樂歲終身飽，凶年免於死亡。然後驅而之善，故民之從之也輕。今也制民之產，仰不足以事父母，俯不足以畜妻子，樂歲終身苦，凶年不免於死亡。此惟救死而恐不贍，奚暇治禮義哉？」

「王欲行之，則盍反其本矣。五畝之宅，樹之以桑，五十者可以衣帛矣；雞豚狗彘之畜，無失其時，七十者可以食肉矣；百畝之田，勿奪其時，八口之家可以無饑矣。謹庠序之教，申之以孝悌之義，頒白者不負戴於道路矣。老者衣帛食肉，黎民不饑不寒，然而不王者，未之有也。」

〈滕文公．上〉

一

滕文公為世子，將之楚，過宋而見孟子。孟子道性善，言必稱堯舜。

世子自楚反，復見孟子。孟子曰：「世子疑吾言乎？夫道一而已矣。成覸謂齊景公曰：『彼丈夫也，我丈夫也，吾何畏彼哉？』顏淵曰：『舜何人也？予何人也？有為者亦若是。』公明儀曰：『文王我師也，周公豈欺我哉？』今滕，絕長補短，將五十里也，猶可以為善國。《書》曰：『若藥不瞑眩，厥疾不瘳。』」

四

有為神農之言者許行，自楚之滕，踵門而告文公曰：「遠方之人，聞君行仁政，願受一廛而為氓。」文公與之處。其徒數十人，皆衣褐，捆屨、織席以為食。陳良之徒陳相與其弟辛，負耒耜而自宋之滕，曰：「聞君行聖人之政，是亦聖人也，願為聖人氓。」陳相見許行而大悅，盡棄其學而學焉。

陳相見孟子，道許行之言曰：「滕君，則誠賢君也，雖然，未聞道也。賢者與民並耕而食，饔飧而治。今也滕有倉廩府庫，則是厲民而以自養也，惡得賢？」孟子曰：「許子必種粟而後食乎？」曰：「然。」「許子必織布而後衣乎？」曰：「否，許子衣褐。」「許子冠乎？」曰：「冠。」曰：「奚冠？」曰：「冠素。」曰：「自織之與？」曰：「否，以粟易之。」曰：「許子奚為不自織？」曰：「害於耕。」曰：「許子以釜甑爨，以鐵耕乎？」曰：「然。」「自為之與？」曰：「否，以粟易之。」「以粟易械器者，不為厲陶冶；陶冶亦以械器易粟者，豈為厲農夫哉？且許子何不為陶冶，舍皆取諸其宮中而用之？何為紛紛然與百工交易？何許子之不憚煩？」曰：「百工之事，固不可耕且為也。」

「然則治天下獨可耕且為與？有大人之事，有小人之事。且一人之身，而百工之所為備，如必自為而後用之，是率天下而路也。故曰：『或勞心，或勞力。勞心者治人，勞力者治於人。治於人者食人，治人者食於人。』天下之通義也。當堯之時，天下猶未平，洪水橫流，氾濫於天下。草木暢茂，禽獸繁殖；五穀不登，禽獸偪人。獸蹄鳥跡之道，交於中國。堯獨憂之，舉舜而敷治焉。舜使益掌火，益烈山澤而焚之，禽獸逃匿。禹疏九河，瀹濟漯而注諸海，決汝漢、排淮泗而注之江，然後中國可得而食也。當是時也，禹八年於外，三過其門而不入，雖欲耕，得乎？后稷教民稼穡，樹藝五穀，五穀熟而民人育。人之有道也，飽食煖衣，逸居而無教，則近於禽獸。聖人有憂之，使契為司徒，教以人倫，父子有親，君臣有義，夫婦有別，長幼有序，朋友有信。放勳曰：『勞之來之，匡之直之，輔之翼之，使自得之，又從而振德之。』聖人之憂民如此，而暇耕乎？堯以不得舜為己憂，舜以不得禹、皋陶為己憂。夫以百畝之不易為己憂者，農夫也。分人以財謂之惠，教人以善謂之忠，為天下得人者謂之仁。是故以天下與人易，為天下得人難。孔子曰：『大哉堯之為君，惟天為大，惟堯則之，蕩蕩乎民無能名焉。君哉舜也，巍巍乎有天下而不與焉。』堯舜之治天下，豈無所用其心哉？亦不用於耕耳。吾聞用夏變夷者，未聞變於夷者也。陳良，楚產也，悅周公、仲尼之道，北學於中國，北方之學者，未能或之先也。彼所謂豪傑之士也。子之兄弟事之數十年，師死，而遂倍之。昔者孔子沒，三年之外，門人治任將歸，入揖於子貢，相向而哭，皆失聲，然後歸。子貢反，築室於場，獨居三年，然後歸。他日子夏、子張、子游以有若似聖人，欲以所事孔子事之，強曾子。曾子曰：『不可，江漢以濯之，秋陽以暴之，皜皜乎不可尚已。』今也南蠻鴃舌之人，非先王之道，子倍子之師而學之，亦異於曾子矣。吾聞出於幽谷遷於喬木者，未聞下喬木而入於幽谷者。〈魯頌〉曰：『戎狄是膺，荊舒是懲。』周公方且膺之，子是之學，亦為不善變矣。」

「從許子之道，則市賈不貳，國中無偽，雖使五尺之童適市，莫之或欺。布帛長短同，則賈相若；麻縷絲絮輕重同，則賈相若；五穀多寡同，則賈相若；屨大小同，則賈相若。」曰：「夫物之不齊，物之情也。或相倍蓰，或相什百，或相千萬。子比而同之，是亂天下也。巨屨小屨同賈，人豈為之哉？從許子之道，相率而為偽者也，惡能治國家？」

五

墨者夷之因徐辟而求見孟子。孟子曰：「吾固願見，今吾尚病，病癒，我且往見。」夷子不來。他日又求見孟子。孟子曰：「吾今則可以見矣。不直則道不見，我且直之。吾聞夷子墨者，墨之治喪也，以薄為其道也，夷子思以易天下，豈以為非是而不貴也？然而夷子葬其親厚，則是以所賤事親也。」徐子以告夷子。夷子曰：「儒者之道，古之人『若保赤子』，此言何謂也？之則以為愛無差等，施由親始。」徐子以告孟子。孟子曰：「夫夷子信以為人之親其兄之子，為若親其鄰之赤子乎？彼有取爾也。赤子匍匐將入井，非赤子之罪也。且天之生物也，使之一本，而夷子二本故也。蓋上世嘗有不葬其親者，其親死，則舉而委之於壑。他日過之，狐狸食之，蠅蚋姑嘬之。其顙有泚，睨而不視。夫泚也，非為人泚，中心達於面目。蓋歸反虆梩而掩之，掩之誠是也，則孝子仁人之掩其親，亦必有道矣。」徐子以告夷子。夷子憮然為間曰：「命之矣。」

〈離婁．上〉

九

孟子曰：「桀紂之失天下也，失其民也；失其民者，失其心也。得天下有道：得其民，斯得天下矣；得其民有道：得其心，斯得民矣；得其心有道：所欲與之聚之，所惡勿施爾也。民之歸仁也，猶水之就下、獸之走壙也。故為淵驅魚者，獺也；為叢驅爵者，鸇也；為湯武驅民者，桀與紂也。今天下之君有好仁者，則諸侯皆為之驅矣。雖欲無王，不可得已。今之欲王者，猶七年之病求三年之艾也。苟為不畜，終身不得。苟不志於仁，終身憂辱，以陷於死亡。《詩》云：『其何能淑，載胥及溺』，此之謂也。」

十

孟子曰：「自暴者，不可與有言也；自棄者，不可與有為也。言非禮義，謂之自暴也；吾身不能居仁由義，謂之自棄也。仁，人之安宅也；義，人之正路也。曠安宅而弗居，舍正路而不由，哀哉！」

〈盡心・上〉

一

孟子曰：「盡其心者知其性也。知其性，則知天矣。存其心，養其性，所以事天也。殀壽不貳，修身以俟之，所以立命也。」

二

孟子曰：「莫非命也，順受其正。是故知命者不立乎巖牆之下。盡其道而死者，正命也；桎梏死者，非正命也。」

三

孟子曰：「求則得之，舍則失之，是求有益於得也，求在我者也。求之有道，得之有命，是求無益於得也，求在外者也。」

四

孟子曰：「萬物皆備於我矣。反身而誠，樂莫大焉。強恕而行，求仁莫近焉。」

十七

孟子曰：「無為其所不為，無欲其所不欲，如此而已矣。」

二十六

孟子曰：「楊子取為我，拔一毛而利天下，不為也。墨子兼愛，摩頂放踵利天下，為之。子莫執中，執中為近之，執中無權，猶執一也。所惡執一者，為其賊道也，舉一而廢百也。」

〈盡心・下〉

四十七

孟子曰：「不仁哉，梁惠王也！仁者以其所愛及其所不愛，不仁者以其所不愛及其所愛。」

公孫丑問曰：「何謂也？」

「梁惠王以土地之故，糜爛其民而戰之，大敗，將復之，恐不能勝，故驅其所愛子弟以殉之，是之謂以其所不愛及其所愛也。」

五十九

孟子曰：「不仁而得國者，有之矣；不仁而得天下，未之有也。」

六十

孟子曰：「民為貴，社稷次之，君為輕。是故得乎丘民而為天子，得乎天子為諸侯，得乎諸侯為大夫。諸侯危社稷，則變置。犧牲既成，粢盛既潔，祭祀以時，然而旱乾水溢，則變置社稷。」

七十

孟子曰：「口之於味也，目之於色也，耳之於聲也，鼻之於臭也，四肢之於安佚也，性也，有命焉，君子不謂性也。仁之於父子也，義之於君臣也，禮之於賓主也，智之於賢者也，聖人之於天道也，命也，有性焉，君子不謂命也。」

八十

孟子曰：「說大人，則藐之，勿視其巍巍然。堂高數仞，榱題數尺，我得志弗為也；食前方丈，侍妾數百人，我得志弗為也；般樂飲酒，驅騁田獵，後車千乘，我得志弗為也。在彼者，皆我所不為也；在我者，皆古之制也，吾何畏彼哉？」

中國傳統經典選讀7

雄辯時代的鬥士　孟子

2014年7月初版　　定價：新臺幣240元
2022年1初版第二刷

著者	楊照
叢書編輯	陳逸達
整體設計	江宜蔚

出版者	聯經出版事業股份有限公司
地址	新北市汐止區大同路一段369號1樓
叢書主編電話	(02)86925588轉5305
台北聯經書房	台北市新生南路三段94號
電話	(02)23620308
台中分公司	台中市北區崇德路一段198號
暨門市電話	(04)22312023
郵政劃撥帳戶第	0100559-3號
郵撥電話	(02)23620308
印刷者	文聯彩色製版印刷有限公司
總經銷	聯合發行股份有限公司
發行所	新北市新店區寶橋路235巷6弄6號2F
電話	(02)29178022

副總編輯	陳逸華
總編輯	涂豐恩
總經理	陳芝宇
社長	羅國俊
發行人	林載爵

行政院新聞局出版事業登記證局版臺業字第0130號

本書如有缺頁，破損，倒裝請寄回台北聯經書房更換。　ISBN 978-957-08-4419-1 (平裝)
聯經網址 http://www.linkingbooks.com.tw
電子信箱 e-mail:linking@udngroup.com

國家圖書館出版品預行編目資料

雄辯時代的鬥士 孟子／楊照著．初版．新北市．聯經．
2014年7月．192面．13.5×21公分．(中國傳統經典選讀；7)
ISBN 978-957-08-4419-1（平裝）
[2022年1月初版第二刷]

1.孟子 2.研究考訂

121.267 103011481